航空运输类专业系列教材

民航服务心理学

周科慧　欧阳驹　主　编
江　群　李　越　唐丽莹　副主编

电子工业出版社
Publishing House of Electronics Industry
北京·BEIJING

内 容 简 介

本书融合了作者多年的教学经验和研究成果，着重突出"实用""够用"的特色，力求将心理学知识和民航服务有机地结合起来，既有理论知识的阐释，又有实训的操练。

上篇基础理论部分共 6 章，包括民航服务心理学概述，民航服务与知觉，民航服务与情绪、情感和意志，民航服务与个性心理，民航服务与群体心理，民航服务中的人际关系；下篇实训部分根据民航服务工作的流程编写了 10 个实训，包括民航服务中的知觉偏差、民航服务中的人际关系、民航服务的形象、订座与售票服务、值机服务、候机服务、空中服务、行李服务、特殊旅客服务、旅客投诉与冲突服务。

未经许可，不得以任何方式复制或抄袭本书之部分或全部内容。

版权所有，侵权必究。

图书在版编目（CIP）数据

民航服务心理学/周科慧，欧阳驹主编. —北京：电子工业出版社，2021.9

ISBN 978-7-121-35522-6

Ⅰ．①民… Ⅱ．①周… ②欧… Ⅲ．①民用航空–旅客运输–商业心理学 Ⅳ．①F560.9

中国版本图书馆 CIP 数据核字（2021）第 175706 号

责任编辑：李　静　　　　特约编辑：田学清
印　　刷：北京天宇星印刷厂
装　　订：北京天宇星印刷厂
出版发行：电子工业出版社
　　　　　北京市海淀区万寿路 173 信箱　　邮编　100036
开　　本：787×1092　1/16　印张：12.25　字数：314 千字
版　　次：2021 年 9 月第 1 版
印　　次：2021 年 9 月第 1 次印刷
定　　价：42.80 元

凡所购买电子工业出版社图书有缺损问题，请向购买书店调换。若书店售缺，请与本社发行部联系，联系及邮购电话：（010）88254888，88258888。

质量投诉请发邮件至 zlts@phei.com.cn，盗版侵权举报请发邮件至 dbqq@phei.com.cn。

本书咨询联系方式：（010）88254604，lijing@phei.com.cn。

航空运输类专业系列教材
建设委员会

主任委员

马广岭（海航集团）

马 剑（北京临空国际技术研究院）

杨涵涛（三亚航空旅游职业学院）

李宗凌（奥凯航空有限公司）

李爱青（中国航空运输协会）

李殿春（香港航空公司）

吴三民（郑州中原国际航空控股发展有限公司）

李 赛（国际航空运输协会）

迟 焰（北京航空航天大学）

张武安（春秋航空股份有限公司）

张宝林（西安交通大学）

陈 燕（中国航空运输协会）

郑 越（长沙航空职业技术学院）

耿进友（北京外航服务公司）

黄 伟（重庆机场集团）

慕 琦（广州民航职业技术学院）

副主任委员

| 王 帅 | 江洪湖 | 汤 黎 | 陈 卓 | 陈晓燕 | 何 梅 | 何 蕾 |
| 罗良翌 | 赵晓硕 | 赵淑桐 | 廖正非 | 熊盛新 | | |

委 员

马晓虹	马爱聪	王 东	王 春	王 珺	王 蓓	王冉冉	王仙萌	王若竹
王远梅	王慧然	方凤玲	邓娟娟	孔庆棠	石月红	白冰如	宁 红	邢 蕾
先梦瑜	刘 科	刘 琴	刘 舒	刘连勋	刘晓婷	许 赟	许夏鑫	江 群
范 晔	杜 鹤	杨 敏	杨青云	杨祖高	杨振秋	李广春	吴甜甜	吴啸骅
汪小玲	张 进	张 琳	张 敬	张桂兰	陆 蓉	陈李静	陈晓燕	金 恒
金良奎	周科慧	庞 荣	郑菲菲	赵 艳	郝建萍	胡元群	胡成富	冒耀祺
鸥志鹏	钟波兰	姜 兰	拜明星	姚虹华	姚慧敏	夏 爽	党 杰	徐 竹
徐月芳	徐婷婷	高文霞	郭 凤	郭 宇	郭 沙	郭 婕	郭珍梅	郭素婷
郭雅荫	郭慧卿	唐红光	曹义莲	曹建华	崔学民	黄 山	黄 华	黄华勇
章 健	韩奋畤	韩海云	程秀全	傅志红	焦红卫	湛 明	温 俊	谢 芳
谢 苏	路 荣	谭卫娟	熊 忠	潘长宏	霍连才	魏亚波		

总策划 江洪湖

协助建设单位

国际航空运输协会	长沙南方职业学院	武汉东湖光电学校
春秋航空股份有限公司	长沙商贸旅游职业技术学院	闽西职业技术学院
奥凯航空有限公司	长沙民政学院	黄冈职业技术学院
香港快运航空公司	南京航空航天大学	衡水职业技术学院
重庆机场集团	浙江旅游职业学院	山东海事职业学院
北京外航服务公司	潍坊工程职业学院	安徽建工技师学院
北京临空国际技术研究院	江苏工程职业技术学院	安徽国防科技职业学院
郑州中原国际航空控股发展有限公司	江苏安全技术职业学院	惠州市财经职业技术学院
	湖南生物机电职业技术学院	黑龙江能源职业学院
杭州开元书局有限公司	河南交通职业技术学院	北京经济技术管理学院
三亚航空旅游职业学院	浙江交通职业技术学院	四川文化传媒职业学院
广州民航职业技术学院	新疆天山职业技术学院	济宁职业技术学院
浙江育英职业技术学院	正德职业技术学院	泉州海洋职业学院
西安航空职业技术学院	山东外贸职业学院	辽源职业技术学院
武汉职业技术学院	山东轻工职业学院	江海职业技术学院
武汉城市职业学院	三峡旅游职业技术学院	云南经济管理学院
江西青年职业学院	郑州大学	江苏航空职业技术学院
长沙航空职业技术学院	滨州学院	山东德州科技职业学院
成都航空职业技术学院	九江学院	河南工业贸易职业学院
上海民航职业技术学院	安阳学院	兰州航空工业职工大学
南京旅游职业学院	河南工学院	四川交通职业技术学院
西安交通大学	中国石油大学	烟台工程职业技术学院
三峡航空学院	厦门南洋学院	重庆第二师范学院
西安航空学院	广州市交通技师学院	南阳师范学院
北京理工大学	吉林经济管理干部学院	成都文理学院
北京城市学院	石家庄工程职业学院	郑州工商学院
烟台南山学院	陕西青年职业学院	云南旅游职业学院
青岛工学院	廊坊职业技术学院	西安航空职工大学
廊坊燕京职业技术学院	德阳川江机电职业学校	南通科技职业学院
秦皇岛职业技术学院	中国民航管理干部学院	广州珠江职业技术学院
湖北交通职业技术学院	郑州航空工业管理学院	广州涉外经济职业技术学院

《民航服务心理学》
编委会

主　编　周科慧　欧阳驹

副主编　江　群　李　越　唐丽莹

参　编　宁　红　刘　芳　刘秀慧　佘思思

前言

当前，随着民航业竞争的加剧，各航空公司争夺的焦点之一是服务质量，"服务"是接待旅客的工作重心。优质、高效的服务十分重要，航空公司不但要提供优质的"功能性服务"，以满足旅客的需要，更要提供优质的"情绪性服务"，与旅客建立情感联系；既要让旅客觉得亲切，也要使旅客的满意度提高，这充分体现了双重服务的理念。

民航服务是直接与人打交道的工作，要做好旅客的服务工作，首要任务是研究人的心理特点及其变化规律，在此背景下，基于教学工作的需要，我们编写了《民航服务心理学》这本书。本书遵循了科学性、实用性、针对性的原则，既拓展了学习者的知识视野，又增强了趣味性，使其可读性更强。本书既可作为高职院校民航服务专业学生的教材，也可作为民航服务工作者的培训参考资料。

本书阐述了民航服务人员、旅客及两者之间的心理和行为规律，将心理学知识与民航服务工作有机地结合起来，书中所探讨的是与民航服务心理有关的专业问题。本书分上、下两篇。上篇基础理论部分共6章，包括民航服务心理学概述，民航服务与知觉，民航服务与情绪、情感和意志，民航服务与个性心理，民航服务与群体心理，民航服务中的人际关系；下篇实训部分包括10个实训，内容涉及民航服务中的知觉偏差、民航服务中的人际关系、民航服务的形象、订座与售票服务、值机服务、候机服务、空中服务、行李服务、特殊旅客服务、旅客投诉与冲突服务，涵盖了整个民航服务流程。

本书由周科慧、欧阳驹任主编。第1章由欧阳驹和唐丽莹共同编写；第2章由刘秀慧和佘思思共同编写；第3章和第5章由周科慧编写；第4章由宁红和李越共同编写；第6章由江群编写；实训部分由编写人员共同完成。刘芳、李荣、柳青对本书的编写工作提供了很大的支持与帮助。

在编写本书过程中，编者得到了广东机电职业技术学院、浙江育英职业技术学院、武汉职业技术学院、浙江旅游职业学院、三亚航空旅游职业学院等院校的大力支持与帮助,在此表示衷心的感谢!此外,本书还参考了许多专家、学者和同行们的著作和研究成果,在此对他们表示衷心的感谢!由于编者的水平有限,书中难免有疏漏和不足之处,恳请读者和同行专家批评指正,以便在再版时进一步修改。如有老师需要教学资源,请和作者联系,QQ:228651816(邮箱:228651816@qq.com)。

周科慧

目录

上篇 | 基础理论

第1章 民航服务心理学概述 ... 1

1.1 服务与民航服务 ... 2
    1.1.1 服务的概述 ... 2
    1.1.2 民航服务的概念、本质及特征 ... 6
    1.1.3 民航服务意识 ... 9
    1.1.4 民航服务人员的基本要求 ... 10

1.2 心理学概述 ... 23
    1.2.1 心理学的发展 ... 24
    1.2.2 心理学的研究对象和研究任务 ... 25
    1.2.3 心理学研究的意义 ... 28

1.3 民航服务心理学概述 ... 30
    1.3.1 民航服务心理学的研究对象和研究任务 ... 31
    1.3.2 学习民航服务心理学的必要性和意义 ... 32

第2章 民航服务与知觉 ... 34

2.1 知觉概述 ... 34
    2.1.1 知觉的概念 ... 35
    2.1.2 知觉的分类 ... 35
    2.1.3 知觉的特征 ... 37

2.2 影响旅客知觉的因素 ... 38
    2.2.1 民航服务知觉的偏差 ... 38
    2.2.2 影响知觉的主观因素 ... 39
    2.2.3 影响知觉的客观因素 ... 50

2.3 民航服务的社会知觉 ··· 51
   2.3.1 旅客对航空公司及飞机的知觉 ··· 51
   2.3.2 旅客对机上服务的知觉 ·· 52

第3章 民航服务与情绪、情感和意志 ··· 59
 3.1 情绪、情感与民航服务 ··· 60
   3.1.1 情绪与情感的概述 ·· 60
   3.1.2 情绪管理策略 ··· 65
   3.1.3 压力概述 ·· 65
   3.1.4 应对压力的方式 ··· 68
   3.1.5 民航服务人员情感品质的培养 ··· 72
 3.2 意志过程与民航服务 ··· 73
   3.2.1 意志过程的概述 ··· 74
   3.2.2 挫折及其承受力 ··· 75
   3.2.3 民航服务人员意志品质的培养 ··· 78

第4章 民航服务与个性心理 ·· 82
 4.1 气质与民航服务 ··· 82
   4.1.1 气质的类型及特征 ·· 83
   4.1.2 气质差异与民航服务 ·· 84
   4.1.3 民航服务人员的气质培养 ··· 86
 4.2 性格与民航服务 ··· 89
   4.2.1 性格的含义与构成 ·· 89
   4.2.2 性格差异与民航服务 ·· 91
   4.2.3 民航服务人员的性格培养 ··· 95
 4.3 能力与民航服务 ··· 97
   4.3.1 能力的概念与分类 ·· 98
   4.3.2 全面提高服务能力 ··· 100

第5章 民航服务与群体心理 ·· 105
 5.1 旅客群体心理 ··· 105
   5.1.1 群体心理概述 ··· 106
   5.1.2 掌握民航旅客群体的特点 ··· 109
   5.1.3 群体心理对航空服务工作的意义 ·· 110

5.2 团队 ·········· 110
5.2.1 团队概述 ·········· 111
5.2.2 团队建设的心理机制及方法 ·········· 113
5.2.3 民航服务人员的团队合作 ·········· 116

第6章 民航服务中的人际关系 ·········· 122
6.1 人际关系概述 ·········· 123
6.1.1 人际关系的含义与特点 ·········· 123
6.1.2 人际关系的重要性 ·········· 124
6.1.3 人际关系建立和发展的阶段 ·········· 125
6.1.4 人际关系建立和发展的原则 ·········· 126
6.2 民航服务中的人际关系 ·········· 126
6.2.1 客我交往的含义与特点 ·········· 127
6.2.2 客我交往的重要性 ·········· 128
6.2.3 建构良好客我关系的策略 ·········· 128

下篇 民航服务心理实训

实训1 民航服务中的知觉偏差 ·········· 148

实训2 民航服务中的人际关系 ·········· 150

实训3 民航服务的形象 ·········· 152

实训4 订座与售票服务 ·········· 154

实训5 值机服务 ·········· 158

实训6 候机服务 ·········· 161

实训7 空中服务 ·········· 164

实训8 行李服务 ·········· 168

实训9 特殊旅客服务 ·········· 174

实训10 旅客投诉与冲突服务 ·········· 178

参考文献 ·········· 182

上篇 基础理论

第1章 民航服务心理学概述

本章导读

民航服务是一项以旅客满意为出发点的工作。为旅客提供服务，实际上除了满足旅客最基本的需求，还要给旅客带来精神上的安慰和享受，这就需要相关人员研究人的心理。为了搞好民航服务工作，民航服务人员必须了解、把握旅客的各种心理特点，了解不同国家、不同民族的文化背景和差异；同时，还要具备良好的心理素质。所有这一切，都要求民航服务人员学习和掌握心理学方面的有关知识，将心理学知识与民航服务工作有机地结合起来。正是在这种背景下，有关心理学的知识、研究成果与方法在民航服务领域越来越被人们重视和运用。

案例导入

2007年5月18日，国航某分公司地面服务部开展了为期两天的服务心理学的培训。该地面服务部特别邀请了国家职业咨询师、民航干部管理学院资深教授来公司授课。公司客舱部、市场部、企划部的部分员工也参加了此次培训。

培训主要从心理学基本原理着手，根据马斯洛需要理论中人的五种需要（生理需要、安全需要、社会需要、尊重的需要、自我实现的需要），结合服务工作，分析民航与旅客间的关系、旅客心理，以及员工对自己、对他人心理的认识与处理等问题。培训结合民航服务现状，以案例举证，探讨服务部门如何与服务实际相结合，为旅客提供优质服务；面对航班延误、旅客情绪激动等情况，如何分析旅客心理，从而更好地做好后期旅客服务工作。在服务过程中，民航服务人员怎样提高与旅客交流的技巧；民航服务人员面对庞大的旅客群体，如何做好自身心理防卫，保持健康的心理。不同气质、性格的人如何协调做好工作；与不同性格人的相处，如何调整好自己的心态。同时，相关人员还为每一位参与培训的民航服务人员做了一次心理测试，从而让每个人了解自己的气质类型，以克服自己在服务过程中的心理弱点。

举办这样正规的心理学培训在该公司地面服务部还是第一次。培训结束后，员工对这样的培训活动一致表示认可。此次培训加强了员工对心理知识的了解，使员工对民航服务有了更深层次的理解，并使员工逐步学会如何分析他人的心理，以便其在日后的服务工作中更好地揣摩旅客心理，做好服务工作。

（资料来源：大秦机票网——民航信息）

1.1 服务与民航服务

学习提示

（1）了解民航服务的概念和特征。
（2）掌握民航服务的本质和特点。
（3）把握民航服务意识和优质服务。

学习内容

1.1.1 服务的概述

要对民航服务心理学进行研究就必须首先了解服务的本质和特征。下面就服务的定义、本质及特征进行逐一表述和探讨。

1. 服务的定义

"服务"一词的基本含义是：为他人做有益的事情。国外相关文献的解释和定义有很多，比较有代表性的解释是：借助一定资源，以无形的方式发生在顾客与职员之间，满足顾客需求和解决顾客问题的一种或一系列行为。在我国，受传统观念的影响，一般认为服务就是"为他人做事，并使他人从中受益"，"服务"被理解为一种奉献、一种无私的行为。而随着社会的进步和发展，人们对服务的理解不断深入，认为服务是一种创造价值的行为，并且可以通过交易使他人得到满足，人们普遍将服务与商品等同起来，提出了"服务商品"的全新概念。

对于民航服务人员而言，服务是指为旅客做事，使旅客从中受益。服务就是为他人利益或为某种事业而工作，以满足他人需求为目的的双赢的活动。服务是一种人与人之间的沟通与互动。旅客是民航服务的接受者，民航服务人员是民航服务的提供者，服务依赖于两者而存在，是结果和过程的统一。

民航服务不能以固定的实体来表现，却能被旅客感受到，民航服务人员的举止、眼神、表情，都能给旅客以直观的印象，给旅客带来或好或坏的心理感受，从而决定服务的质量。基于此，我们认为："服务"是区别于其他商品的特殊商品，它具有双重内涵，即功能服务内涵和心理服务内涵。我们既要通过标准化、规范化、程序化的操作来满足旅客的基本需求，也要用自己谦恭的态度、敏锐的洞察力和有效的"有声语言""无声语言"在旅客心目中树立一个富有人情味、和蔼可亲的形象，尽最大努力提升旅客的满意度。

服务的英文为 service。我们可以从这个单词中的每个字母所引申的含义来理解服务的基本含义。

① s——smile（微笑），其含义是民航服务人员应该为每一位旅客提供微笑服务，所以微笑服务是最基本的服务要求。

② e——excellent（出色），其含义是民航服务人员应将每一个服务程序、每一个微小的服务工作都做得很出色。

③ r——ready（准备好），其含义是民航服务人员应该随时准备好为旅客提供服务。

④ v——viewing（看待），其含义是民航服务人员应该将每一位旅客看作需要为其提供优质服务的贵宾。

⑤ i——inviting（邀请），其含义是民航服务人员在每一次服务结束时，都应该表示诚意和敬意，主动邀请旅客再次乘坐本公司的航班。

⑥ c——creating（创造），其含义是每一位民航服务人员应该想方设法地创造使旅客能享受其热情服务的氛围。

⑦ e——eye（眼光），其含义是每一位民航服务人员始终应该以温柔而善意的目光注视旅客，预测旅客的需求，及时为其提供有效的服务，使旅客时刻感受到民航服务人员在关心自己。

2. 服务的本质及特征

通过服务的概念我们可以洞悉服务的本质，服务的本质就是：通过满足客户合理的需求，创造交换价值，最大限度地提升客户的满意度。从服务的本质看，服务产品具有特殊性，与其他产品相比具有以下特征。

1）无形性

服务是无形的。我们在享受服务之前，看不见、摸不着它们。例如，想要"整容"的人在享受整容服务之前是看不到整容效果的；参加一个旅行团，我们不可能预先知道旅行的整个过程和结果。服务的本质也是一种无形的过程，尽管从分类来看有些服务也具有部分实体，比如餐饮中的菜肴、酒水等这些是有形的，但这些实体只是使服务得以实现的载体，而这些服务本身是抽象的、无形的。

2）同时性

服务的创造和消耗是同时发生的、同时结束的。服务与其来源是密不可分的，不管是来源于人或是来源于机器。但有形产品是存在着的实体，不论其来源是否呈现。例如，我们去参加一次摇滚乐音乐会，我们得到的娱乐价值和演奏者是分不开的。如果报幕员告诉观众，他们所崇拜的乐手不能演出，而由他人来代替，这种替代的服务和原来安排的服务就不是相同的服务。

3）易逝性

正因为服务的生产与消耗是同时进行的，因此无法储存，也不能提前预备。民航服务人员在提供服务的时候，也是旅客衡量服务质量的时候，这就需要民航服务人员为旅客提供优质服务。

4）异质性

旅客是服务的对象，这使得服务因旅客而异，旅客的知识、经验、动机、诚实度等都直接影响服务的效果。同一规格的服务对于某个群体的客人来说，可能会被认为是优质服务，而对另外一个群体来讲却非常糟糕。换个角度看，服务也是非常易变的，因为它们依赖于由什么人提供服务、在何时何地提供服务。同样的服务，由不同的服务人员提供和在不同的时间提供都是有差别的。因此，注重个性化服务、注重旅客与民航服务人员间的互动对于提升服务品质是非常有帮助的。

5）不可转移性

服务是一种人的行为，只能被人们所享用，但不能为他人所占有。服务本身不发生所有权的转移。例如，客人花钱住酒店是享用服务人员的服务和空间、设施在一定时间内的使用权。

3. 服务的分类

1）服务的行业属性及分类

服务的行业属性通常是服务业。服务业是国际通行的产业分类概念，指那些提供非实物产品为主的行业。在我国，服务业又被称为第三产业，其范围包括除第一产业（农、林、牧、渔业等）、第二产业（工业、建筑业等）以外的其他行业，为了与国际通行的产业分类概念接轨，现在一般称其为服务业。相关资料显示，服务业包括以下14个行业：①交通运输、仓储和邮政业；②信息传输、计算机服务和软件业；③批发和零售业；④住宿和餐饮业；⑤金融业（银行业、证券业、保险业及其他金融活动）；⑥房地产业；⑦租赁和商务服务业；⑧科学研究、技术服务和地质勘查业；⑨水利、环境和公共设施管理业；⑩居民服务和其他服务业；⑪教育；⑫卫生、社会保障和社会福利业；⑬文化、体育和娱乐业；⑭公共管理和社会组织、国际组织。

由于服务业的多样性和复杂性，目前我国乃至国际上尚未形成一个统一的分类标准，我国还未建立起完善的服务业统计指标体系，服务业分类在政府、专家学者等各个层面都十分模糊，也存在争议。目前，服务业主要有以下两种分类方法：一是按照产业特征分类，分为传统服务业和现代服务业；二是按照产业性质分类，分为生产性服务业和消费性服务业。

传统服务业和现代服务业是相对而言的，没有严格的界限划分，区分也不是绝对的。

传统服务业主要包括交通运输、仓储和邮政业，批发和零售业，住宿和餐饮业，以及文化、体育和娱乐业，居民服务业，社会服务业中的部分行业。传统服务业与人民生活息息相关，对缓解就业压力，改善人民生活质量，维护社会稳定，增加财政收入有重要的作用。

现代服务业有狭义和广义之说。从狭义角度来讲，现代服务业是相对于"传统服务业"而言的，它伴随信息技术的应用和信息产业的发展而出现，是信息技术与服务业结合的产物。现代服务业具体包括两类：一是直接因信息产业和信息化的发展而产生的新兴服务业形态，如计算机和软件服务、移动通信服务、信息咨询服务等；二是通过应用信息技术，对传统服务业进行改造衍生而来的服务业形态，如金融、房地产、电子商务等。

从广义角度来讲，现代服务业是一种现代化、信息化意义上的服务业，是主要依托信息技术和现代管理理念而发展起来的、知识和技术相对密集的服务业，是基于新兴服务业成长壮大和传统服务业改造升级而形成的新型服务业体系，主要包括通信服务业、金融服务业、企业服务业、教育服务业、医疗服务业、医疗保健服务业、数字传媒产业等。

我国传统的服务业分类方法是将服务业分为生产性服务业和消费性服务业。

生产性服务业主要是面向生产者的服务业，它是社会分工的结果，是生产者在市场上购买的服务，是为生产、商务活动而非直接向个体消费者提供的服务。我们也可将生产性服务业理解为服务生产的外部化或者市场化，即将企业内部的生产服务部门从企业分离和独立出去。企业内部的生产服务部门从企业分离和独立的目的是降低生产费用，提高生产效率，提高企业经营的专业化程度，这些企业涉及的行业主要包括金融业、现代物流业、交通运输业、信息服务业、商务服务业等。消费性服务业主要是面向消费者的服务业，其发展可以体现为人民的生活水平、生活质量、生活内容的改善和充实，主要包括商贸餐饮业、房地产业、社区服务业、文化娱乐业、社会公共服务业等。生产性服务业和消费性服务业的划分目前也没有明确的界限，两者在一定程度上是相互交叉、相互重合的。生产性服务业同消费性服务业相比，是一种高度集聚、高辐射的现代服务业，贯穿于生产、流通、分配、消费等社会再生产的各个环节，已经成为发展市场经济非常必要的软环境和市场资源的调配器。

2）服务的种类细分

从服务行业的分类看，我们可以将服务分成四大类。

① 流通服务,包括零售、批发、仓储运输、交通、邮政、电信等服务。

② 生产生活服务,包括银行、保险、证券、房地产、咨询、广告、旅游、餐饮、娱乐、美容等。

③ 精神和素质服务,旨在满足人们精神需要、提高个人素质的服务,包括教育、文艺、科学、宗教、新闻、图书、体育、医疗卫生、环保等。

④ 公共服务,是指政府机构(包括公共权威部门、公共事业部门,以及其他形态的公共组织和承担公共义务的私人组织和个人)提供的服务。

如图1-1所示,在服务的领域中,我们又可以将服务简单地划分为两大类:一是伴随着某个有形产品而产生的服务,如家电售后服务、产品技术支持等;二是服务行业的服务,如航空服务、旅游服务、租赁服务、专业咨询服务、金融服务、电信服务、餐饮服务、公共服务等。

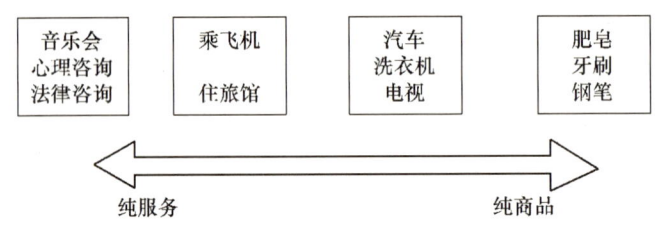

图1-1 服务的分类

如果我们把"服务"仍看作一种无形的"产品",则服务行业还可细分为"产品+服务"和"产品=服务"(不易明确分离)两小类;前者如电信服务、金融服务、餐饮服务等(均有其服务产品及相应的客户服务);后者如航空服务、旅游服务等(整个服务过程构成其无形产品)。

1.1.2 民航服务的概念、本质及特征

1. 民航服务的概念

根据服务的定义和民航的行业特点,我们可以把民航服务简单地理解为:按照民航服务的内容、规范和具体要求,以旅客的需求为中心,为满足旅客的需求而提供的一种服务。从广义的角度看,民航服务是以民航的各类设施为依托,将有形的技术服务和无形的个人影响力、情感传递融为一体的综合性活动。前者体现了旅客是民航服务的核心和主体,民航服务人员是民航服务的客体;后者则既强调了民航服务的技巧,又强调了民航服务中不可或缺的情感表达,体现了"以人为本"的思想。

根据民航服务的实践,民航服务有着更广泛、更深刻的内涵。

首先,从服务内容看,民航服务不仅包括单纯的服务设施和服务技巧,还包括航空

服务中民航服务人员的个人素质与外在形象的特殊要求。也就是说，民航服务是有形设施和无形服务、素质、情感等的有机结合。

其次，从旅客的角度看，民航服务是旅客在消费过程中的一种体验、一种经历和感受。旅客在消费过程中所得到的是一种精神的享受，因此，整个服务过程必须让人觉得温馨备至、亲切自然、轻松快乐。

从航空公司的角度看，民航服务正是公司生产的"产品"，该"产品"既有有形的部分，也有无形的部分，"产品"的质量也最终决定了公司品牌的美誉度和能否为旅客带来宾至如归的感觉。

2. 民航服务的本质

航空公司因"服务"而存在，但到底什么是民航服务？不同的人对此有不同的理解。

专家认为：民航服务是满足旅客需要的一系列行为的总和。

管理人员认为：民航服务是由一些项目组成的民航产品。

一线员工认为：民航服务就是工作。

旅客认为：民航服务是一种能够体现自我价值的享受。

另外，处于不同发展阶段和发展水平的航空公司对服务的理解也会有所差异。生产导向的航空公司把服务仅仅看作卖产品的一个环节，服务停留在随意化、情绪化的基础上。产品导向的航空公司把服务作为公司的核心产品进行销售，并制定各种标准予以规范，其提供的是规范化服务。而客户导向的航空公司则以满足旅客的个性需求为目标，倡导民航服务人员提供个性化服务。

由此看来，民航服务是有层次的，但服务的本质都是一样的。

1) 民航服务是硬件、软件、人员的统一体

民航服务需要硬件做基础，设施设备能满足旅客的基本需求，有缺陷的设施设备很难让旅客满意。软件的作用则主要体现在民航服务流程和规范标准等方面，它们的设计是否能让旅客感到舒适，非常重要。民航服务是由民航服务人员提供的，如果民航服务人员在服务过程中不用心，哪怕航空公司的硬件再好、软件再规范，旅客也不会满意。高层次的民航服务必须是发自内心的，民航服务人员须从内心的情感出发，视旅客为自己的亲人，给旅客以无微不至的体贴与关怀。

2) 民航服务没有折旧

服务作为一种产品，不会像其他实物产品一样随着时间的推移和使用率的增加，而失去原有的性能。民航服务的生产与消费是同步的，只在服务过程中体现，离开这个过程服务就消失了。所以，从这种意义上说，民航服务是一次性的。而一次性服务产品的质量如何，只能靠客人当时的感知，而不是服务后的补偿。因此，航空公司要加强"服务接触"管理，对服务接触的各个环节都形成制度和规范，对什么接触点提供什么样的

服务提前做出安排。而对于民航服务人员来讲,每一次为旅客提供服务都要有"第一次为旅客服务"的心态,通过积极的态度和周到的服务安排让旅客在接触的"第一时间"就获得良好的体验。只有良好的体验才能给旅客留下难忘的印象,从而增加旅客再一次消费的可能性。

3) 民航服务具有依赖性

民航服务是一个服务主体与服务客体互动的过程。因此,民航服务质量的最终形成不仅仅是民航服务人员单方面的事情,还依赖于服务对象的参与程度。首先,这种依赖性体现在旅客的差异性上,即每一个旅客要求的服务并不都是相同的,不同的旅客在服务的需求方面存在着差异,因此民航服务人员要根据不同的情况区别对待。其次,这种依赖性体现在即使是同一个旅客,在不同的时段对服务的要求也会有所差异,如当旅客心情非常舒畅时,对服务就不会很挑剔,对民航服务人员在飞机飞行中提出的一些要求也很容易配合;反之,如果旅客遭遇不愉快的事情或受到重大打击时,对服务的要求就会更高,民航服务人员稍有不慎,就有可能引起旅客极大的不满。民航服务的依赖性客观上增加了一线民航服务人员保持服务稳定性的难度。因此,航空公司在量化服务标准的同时,要加强对民航服务人员的培训,提高民航服务人员服务沟通和察言观色的能力。此外,航空公司的相关人员还要关注民航服务人员的心理状态,提高民航服务人员的满意度,因为"没有满意的员工,就不会有满意的客人"。

4) 民航服务需要以客户为导向

好的民航服务必然是以旅客的满意为标准的,这就需要航空公司的相关人员站在旅客的角度进行深入研究。

上述分析表明:民航服务的本质就是要理解并尊重旅客,通过服务行为来满足旅客的需求,体现服务的价值。

3. 民航服务的特征

民航服务的特征是以航空服务的特征为集中体现的,由于民航服务是在特殊的环境中对特殊群体进行的服务,与酒店服务等相比存在着明显的特殊性,主要体现在以下几个方面。

1) 服务环境的特殊性

民航服务的实施大多集中在飞行过程中,处在空中这样一个特殊的环境,服务也主要发生在客舱当中,客舱是一个特殊的场所,面积狭小,人员众多,航班飞行的状态也直接影响到服务的实施情况。整个服务过程受到空间、飞行状态、旅客心理的影响和制约。因此,服务必须合乎相关的规范,机组人员必须密切配合,在规定的时间和程序内完成一系列令旅客满意的服务。

2) 服务的安全责任重大

从旅客心理需求的角度出发,航空的安全是旅客最大的心理需求。旅客能安全抵达

目的地是旅客及其家人的最大愿望，也是所有机组人员最基本的任务。近几年，国内各航空公司纷纷招聘男性乘务员担任航班的安全员，其担负着观察、发现、处理各种安全隐患的任务。航班的其他乘务人员也要随时担负起维持客舱秩序、消除各种危机事件的任务，在紧急情况下，相关人员要主动担负起面对旅客、面对危机的责任。因此，在民航服务中，安全服务是一项主要内容，参与安全管理是机组人员的基本任务。航空安全，重于泰山。

3) 服务内容繁多、实施难度大

在民航竞争日趋激烈的今天，客舱服务的内容也越来越充实，越来越细化。民航服务人员只有将服务内容与旅客的需求相结合，才能为旅客提供令其满意的服务。从国内外各大航空公司所提供的服务内容来看，民航服务的基本工作主要包括：礼仪服务、技术服务、安全服务、餐饮服务、救助服务、娱乐服务、咨询服务、商务服务等几大项内容，而每项内容所涵盖的范围又非常广泛，复杂程度甚高，特别是在飞机飞行的过程中，要完成这几项服务难度是非常大的，其所要求的技术水平也是相当高的。

4) 个性服务明显

由于航空消费的大众化，旅客群体的构成也越来越复杂。民航服务人员几乎每天都要遇见各种各样的旅客，他们的需求存在着差异性。在飞机飞行的不同阶段，旅客的心理变化也是不同的。因此，民航服务人员需要积极采取措施，为旅客提供个性化的服务，特别关照特殊的旅客，缓解旅客的各种不良情绪，使旅客轻松地完成愉快的旅程。

在国内的航空公司中也不乏有特色的个性服务，如在深圳航空公司，其乘务组推出了手语服务，照顾到了某些有特殊需求的旅客；在飞机飞行过程中，设计了简单有效的机上健身操来缓解旅客的疲劳；在飞往北方的航线上，为照顾到众多的北方旅客，特意在餐食中给客人派送自制的"辣鹏"牌辣酱，以迎合北方旅客的口味……这些都体现出航空公司对旅客的个性呵护，也大大提高了公司的美誉度和竞争力。

5) 民航服务人员素质要求高

在民航服务的特殊环境下，面对航空旅行的特殊群体，对民航服务人员的素质要求也是非常高的。民航服务人员不但应具备良好的外形条件，还必须具备稳定的心理素质、超强的应变能力、沟通能力。这就需要民航服务人员具备良好的综合素质，才可以为旅客带来良好的服务。

1.1.3　民航服务意识

意识，是人脑对于客观事物、事件的反映，是感觉、思维等各种心理过程的总和，其中的思维是人类特有的反映现实的高级形式。

服务意识，是指企业全体员工在同一切与企业利益相关的人或组织的交往中所体现的为其提供热情、周到、主动的服务的意识，即自觉主动做好服务工作的一种观念和愿望。它发自服务人员的内心，是服务人员的一种本能和习惯，是可以通过培养、教育、训练形成的。

在民航服务业中，服务意识必须作为企业对员工的基本素质要求加以重视。每一个员工也必须树立自己的服务意识。服务意识有强烈与淡漠之分，有主动与被动之分。

民航服务意识是民航服务人员为旅客提供优质服务的前提。我国民航企业长期存在只重视对民航服务人员的服务技能和服务技巧的培训，而忽略对服务人员的服务意识培训的现象，所以，经常会有因民航服务人员服务意识淡薄所引发的投诉。积极、主动、用心地为旅客服务，这是民航服务人员必须树立的最基本的服务意识。

1.1.4　民航服务人员的基本要求

随着民航事业的快速发展，对民航服务人员的素质要求也越来越高。民航服务人员是民族文化的传递者，是服务内容的实施者，也是情感交流的使者。因此，民航服务人员不仅要有良好的外在形象，更要具备过硬的心理素质、高尚的情操及娴熟的服务技能。综合来讲，当代优秀的民航服务人员必须达到以下几个方面的要求。

1. 良好的外在形象

心理学的研究结果表明：人的心理活动首先来自外部环境信息对视觉的影响，良好的外在形象可以在旅客心中产生良好的"首因效应"，从而给人留下良好的第一印象。民航服务人员良好的外在形象有助于拉近与旅客的距离，使旅客产生愉悦感。同时，民航服务人员良好的个人形象也代表了航空公司的整体形象，体现了航空公司的个性追求。所以，民航企业对民航服务人员的外在条件提出要求是必须的。

但良好的外在形象不是单指美丽的外表，而是在优越的外形条件基础上一种良好气质的外显，体现出一种整体美和亲和力。民航企业在要求民航服务人员拥有良好的仪态、仪表的同时，还需要服务人员时刻保持发自内心的微笑来感染旅客。

2. 坚毅的意志品质

人们在各种行动中，经常会带有稳定的特点，体现出一定的规律性，这在心理学上被归纳为几种不同的意志品质，即自觉性、果断性、坚忍性和自制力。良好的意志品质是保证活动顺利进行、实现预定目的的重要条件。民航服务人员面临着复杂的服务环境与服务对象，在职业生涯当中所面临的困难也是多种多样的，因此，对民航服务人员的意志品质培养是必需的，也是十分必要的。

3. 过硬的心理素质

研究表明，各种突发事件的处置成功与否，直接取决于处理突发事件的人的心理素质的好坏。在航空服务过程中，民航服务人员经常会遇见一些复杂的问题和突发事件，

这就需要民航服务人员有良好的心理素质，以解决复杂的问题和应对突发事件。因此，作为一名优秀的民航服务人员必须具备超强的心理素质以面对各种突发事件和紧急情况，要做到处事不惊，沉着果断。同时，由于民航服务业的从业人员所承受的心理压力比其他行业的从业人员的心理压力要大得多，这就要求民航服务人员在面对挫折、打击，甚至受到旅客不公平对待时可以及时调整好自己的情绪，把握好自己的行为准则，始终为旅客提供优质的航空服务。

4. 深厚的文化素养

文化，包括人文文化与科技文化。人文文化是人类以感性思维探求精神世界的成果，包含了文学、哲学、史学、艺术、宗教等学科；科技文化则是人类理性研究、认识与掌握客观世界规律的成果。

文化素养是指人对人文文化、科技文化中的部分学科有所了解，可以独立思考、剖析、总结并得出自己的世界观、价值观的一种能力。有良好文化素养的人更豁达、善于接纳新的事物，更容易创造良好的沟通氛围。因此，提高民航服务人员的文化层次、文化素养是提高民航服务人员整体素质的重要手段，也有利于提升民航服务的整体档次，有利于延续民航服务人员的职业生涯。

5. 积极的团队精神

团队精神有凝聚团队成员的作用，团队的目标和理想把团队成员团结在一起。团队精神不仅能激发个人的能力，而且能激励团队中的其他人，鼓舞团队中的所有成员发挥潜力、勇于探索和创新。民航服务的实施需要团队，需要每个机组人员相互配合、团结协作，只有这样才能确保旅客的安全、顺利完成各项任务。因此，每个民航服务人员必须具备积极的团队合作精神，注重团队在民航服务中的作用，这样才有利于发挥集体的力量，树立航空公司的良好形象。

6. 敏锐的服务意识

服务意识是民航服务人员主动为旅客提供优质服务的意念和愿望，是民航服务人员服务行为的驱动力，是更好地满足旅客需求的前提和基础。民航服务人员必须在完成规范化服务的同时，善于发现旅客的需求，具备超前的服务意识，给旅客带来满意的服务，这才是提高服务质量的根本途径。同时，民航服务人员还需要拥有娴熟的服务技巧，把服务意识和服务技能高度统一起来，在具备强烈的服务意识的前提下，合理运用服务技能，为旅客提供优质的服务。

思考与讨论

（1）结合实际，谈谈如何理解服务的定义。

（2）什么是民航服务？民航服务的特征是什么？

（3）如何理解民航服务意识的重要性？

(4) 你心目中的民航服务人员是什么样的？如何成为一名优秀的民航服务人员？

知识拓展

民航乘务员国家职业技能标准

（2019年版）

1. 职业概况

1.1　职业名称

民航乘务员

1.2　职业编码

4-02-04-01

1.3　职业定义

从事民用航空器客舱安全管理和旅客服务工作的人员。

1.4　职业技能等级

本职业共设五个等级，分别为：五级／初级工、四级／中级工、三级／高级工、二级／技师、一级／高级技师。

1.5　职业环境条件

民用航空器机舱内，常温，高空，低气压。

1.6　职业能力特征

具有较强的观察、分析、判断和表达能力；具有一定的方位感、空间感；知觉、嗅觉、听觉等感觉器官灵敏；四肢灵活，动作协调；身体健康。

1.7　普通受教育程度

高中毕业（或同等学力）。

1.8　职业技能鉴定要求

1.8.1　申报条件①

具备以下条件之一者，可申报五级／初级工：

（1）从事本职业或相关职业②工作1年（含）以上。

（2）本职业学徒期满③。

具备以下条件之一者，可申报四级／中级工：

（1）取得本职业五级／初级工职业资格证书（技能等级证书）后，累计从事本职业工作4年（含）以上。

（2）累计从事本职业工作6年（含）以上。

---

① 适用于本职业从业人员。
② 相关职业：无，下同。
③ 取得"中国民用航空器客舱乘务员训练合格证"。

具备以下条件之一者，可申报三级/高级工：

（1）取得本职业四级/中级工职业资格证书（技能等级证书）后，累计从事本职业工作5年（含）以上。

（2）具有大专及以上本专业①或相关专业②毕业证书，并取得本职业四级/中级工职业资格证书（技能等级证书）后，累计从事本职业工作2年（含）以上。

具备以下条件者，可申报二级/技师：

取得本职业三级/高级工技能职业资格证书（技能等级证书）后，累计从事本职业工作4年（含）以上。

具备以下条件者，可申报一级/高级技师：

取得本职业二级/技师职业资格证书（技能等级证书）后，累计从事本职业工作4年（含）以上。

1.8.2 鉴定方式

分为理论知识考试、技能考核以及综合评审。理论知识考试以笔试、机考等方式为主，主要考核从业人员从事本职业应掌握的基本要求和相关知识要求；技能考核主要采用现场操作、模拟操作等方式进行，主要考核从业人员从事本职业应具备的技能水平；综合评审主要针对技师和高级技师，通常采取审阅申报材料、答辩等方式进行全面评议和审查。

理论知识考试、技能考核和综合评审均实行百分制，成绩皆达60分（含）以上者为合格。

1.8.3 监考人员、考评人员与考生配比

理论知识考试中的监考人员与考生配比为1∶15，每个标准教室不少于2名监考人员；服务操作技能考核中的考评人员与考生配比不低于1∶2，应急操作技能考核中的考评人员与考生配比不低于1∶3，且考评人员为3人（含）以上单数；综合评审委员为3人（含）以上单数。

1.8.4 鉴定时间

理论知识考试时间不少于90min；技能考核时间：在乘务模拟舱实施考核不少于30min，在标准教室实施考核不少于90min；综合评审时间不少于30min。

1.8.5 鉴定场所设备

理论知识考试在标准教室进行；技能考核在经中国民用航空局批准的客舱模拟器和出口模拟器，客舱服务模拟舱或标准教室进行。

2. 基本要求

2.1 职业道德

2.1.1 职业道德基本知识

---

① 本专业：空中乘务，下同。
② 相关专业：航空服务，下同。

2.1.2 职业守则

(1) 遵纪守法，诚实守信。

(2) 爱岗敬业，忠于职守。

(3) 保证安全，优质服务。

(4) 钻研业务，提高技能。

(5) 团结友爱，协作配合。

2.2 基础知识

2.2.1 民用航空及主要航空公司概况

(1) 中国民用航空概况。

(2) 中国主要航空公司（集团）概况。

(3) 国际民航组织概况。

(4) 国际航空运输概况。

(5) 世界主要航空联盟和航空公司概况。

2.2.2 航空知识

(1) 航空术语。

(2) 飞行基础知识。

(3) 航空气象基础知识。

(4) 航空卫生基础知识。

2.2.3 宗教常识

(1) 基督教基本知识。

(2) 佛教基本知识。

(3) 伊斯兰教基本知识。

(4) 犹太教基本知识。

(5) 印度教基本知识。

2.2.4 各地礼俗

(1) 中国少数民族的风俗习惯。

(2) 主要通航国家的风俗习惯。

(3) 主要通航国家的饮食习惯。

(4) 主要通航国家的国花、国鸟、国树等。

(5) 主要通航国家的重要节日。

2.2.5 礼仪知识

(1) 礼仪概述。

(2) 职业仪容仪表要求。

(3) 职业行为举止要求。

2.2.6 民航服务心理常识

(1)民航服务心理学概要。

(2)乘客心理需要与服务。

(3)民航乘务员心理素质的培养。

2.2.7 机组资源管理常识

(1)人为因素概述。

(2)机组资源管理概述。

(3)差错管理及预防对策。

2.2.8 航空运输相关规定

(1)《航班正常管理规定》。

(2)《民用航空危险品运输管理规定》。

(3)《中国民用航空旅客、行李运输规则》。

(4)《中国民用航空旅客、行李国际运输规则》。

2.2.9 民航乘务基本工作术语

(1)民航乘务工作常用术语。

(2)乘务专业英文代码的含义。

(3)乘务专业常用词汇中英文对照。

2.2.10 相关法律、法规知识

(1)《中华人民共和国劳动法》相关知识。

(2)《中华人民共和国劳动合同法》相关知识。

(3)《中华人民共和国民用航空法》相关知识。

(4)《中华人民共和国民用航空安全保卫条例》相关知识。

(5)《大型飞机公共航空运输承运人运行合格审定规则》(CCAR-121-R5)相关规章。

3. 工作要求

本标准对五级/初级工、四级/中级工、三级/高级工、二级/技师、一级/高级技师的技能要求和相关知识要求依次递进,高级别涵盖低级别的要求。

3.1 五级/初级工

职业功能	工作内容	技 能 要 求	相关知识要求
1. 安全保障	1.1 应急设备检查与使用	1.1.1 能识别应急设备标识及中英文名称 1.1.2 能检查和使用应急设备 1.1.3 能在应急情况下操作应急出口	1.1.1 应急设备标识及中英文名称 1.1.2 灭火器、氧气瓶等应急设备的使用和注意事项 1.1.3 应急出口操作标准要求

续表

职业功能	工作内容	技 能 要 求	相关知识要求
1. 安全保障	1.2 安全介绍	1.2.1 能进行穿戴氧气面罩、救生衣等安全演示 1.2.2 能对出口座位旅客进行资格评估 1.2.3 能向老人、孕妇等特殊旅客做安全简介	1.2.1 客舱安全演示规范动作的要求 1.2.2 出口座位管理规定 1.2.3 对老人、孕妇等特殊旅客的安全简介内容及方法
	1.3 安全检查	1.3.1 能对经济舱旅客安全带、行李架等进行客舱安全检查 1.3.2 能对经济舱客舱、厨房、卫生间设备进行安全检查	客舱安全检查标准及要求
	1.4 空防安全管理	1.4.1 能进行客舱指定区域日常航前、航后清舱检查 1.4.2 能按照要求参加机上机组准备会	1.4.1 客舱乘务员手册中关于清舱的规定 1.4.2 机上机组准备会要求
	1.5 特殊情况处理	1.5.1 能处理旅客违规使用电子设备的情况 1.5.2 能处理飞机滑行期间旅客站立、开启行李架等情况	1.5.1 便携式电子设备使用的限制要求 1.5.2 落地后安全管理规定
2. 客舱服务	2.1 旅客登机前准备	2.1.1 能检查经济舱客舱、厨房、卫生间等服务设施状况 2.1.2 能检查经济舱食品、酒水等服务用品配备状况 2.1.3 能检查经济舱卫生状况	2.1.1 经济舱服务设施检查标准 2.1.2 经济舱服务用品检查及管理要求 2.1.3 客舱清洁检查标准
	2.2 起飞前准备	2.2.1 能为经济舱旅客提供迎宾服务 2.2.2 能指导经济舱旅客安排行李 2.2.3 能向经济舱旅客提供报纸、杂志 2.2.4 能在正常情况下操作舱门	2.2.1 经济舱迎接旅客要求 2.2.2 旅客行李物品存放与保管的要求 2.2.3 特殊行李占座规定 2.2.4 报纸、杂志分发程序及标准 2.2.5 正常情况下舱门操作规定
	2.3 空中服务	2.3.1 能在正常情况下进行广播 2.3.2 能指导经济舱旅客使用客舱服务设施 2.3.3 能保持经济舱客舱、厨房、卫生间清洁 2.3.4 能为老人、孕妇等旅客提供服务 2.3.5 能回答关于国内航班时刻、飞行距离等航线知识的问询	2.3.1 正常情况下广播要求 2.3.2 服务设施操作规范 2.3.3 特殊旅客服务要求 2.3.4 国内航线知识

续表

职业功能	工作内容	技能要求	相关知识要求
2. 客舱服务	2.4 餐饮服务	2.4.1 能识别橙汁、可乐、啤酒等常见酒水的中英文名称 2.4.2 能为经济舱旅客提供热饮服务 2.4.3 能为经济舱旅客提供饮料、啤酒等酒水服务 2.4.4 能识别特殊餐食的代码 2.4.5 能烘烤经济舱餐食 2.4.6 能为经济舱旅客提供餐食服务	2.4.1 饮料定义和分类知识 2.4.2 经济舱饮料服务标准及要求 2.4.3 经济舱茶、咖啡冲泡的要求及方法 2.4.4 特殊餐食代码 2.4.5 烘烤餐食的方法和要求 2.4.6 经济舱餐食服务标准
	2.5 落地后工作	2.5.1 能完成落地后的服务工作 2.5.2 能检拾旅客遗留物品并完成与乘务长的交接	2.5.1 旅客下机服务规范 2.5.2 老人、孕妇等特殊旅客下机服务要求 2.5.3 机供品交接管理规定 2.5.4 检拾旅客物品服务规范
3. 应急处置	3.1 失火处置	3.1.1 能按照程序实施灭烟灭火 3.1.2 能处置烧水杯失火 3.1.3 能处置烤箱失火 3.1.4 能处置卫生间失火	3.1.1 烟雾、火灾的基本知识 3.1.2 失火处置方法
	3.2 释压处置	3.2.1 能判断座舱释压现象 3.2.2 能指导、帮助旅客应对座舱释压 3.2.3 能在释压后巡视客舱并救助旅客	座舱释压处置的工作要求和原则
	3.3 应急撤离	3.3.1 能实施应急撤离基础工作 3.3.2 能进行陆地有准备的应急撤离 3.3.3 能进行水上有准备的应急撤离 3.3.4 能进行无准备的应急撤离	3.3.1 应急撤离基础知识 3.3.2 应急撤离程序 3.3.3 撤离时的指挥口令 3.3.4 撤离后的工作程序
	3.4 应急医疗处置	3.4.1 能判断和处理因机舱内压力变化等原因引起的压耳及晕机等不适症状 3.4.2 能实施心肺复苏	3.4.1 机上常见病处置方法 3.4.2 心肺复苏相关知识及操作

3.2 四级/中级工

职业功能	工作内容	技能要求	相关知识要求
1. 安全保障	1.1 应急设备检查及使用	1.1.1 能检查和使用头等舱/公务舱应急设备 1.1.2 能检查和使用卫生防疫包、急救药箱等应急医疗设备	1.1.1 头等舱/公务舱救生衣等应急设备储藏位置及使用方法 1.1.2 卫生防疫包、急救药箱等应急医疗设备检查及使用规定

续表

职业功能	工作内容	技能要求	相关知识要求
1. 安全保障	1.2 安全检查	1.2.1 能对头等舱/公务舱客舱进行安全检查 1.2.2 能对头等舱/公务舱厨房、卫生间设备等进行安全检查	头等舱/公务舱客舱安全检查标准及要求
	1.3 空防安全管理	1.3.1 能执行进出驾驶舱的规定 1.3.2 能处理抢占座位、酗酒滋事等扰乱航空器内秩序的行为	1.3.1 进入驾驶舱人员的限制 1.3.2 进出驾驶舱的规定 1.3.3 机上非法干扰及扰乱行为的定义 1.3.4 旅客扰乱行为处理原则
	1.4 特殊情况处置	1.4.1 能判断颠簸等级 1.4.2 能处理颠簸情况	1.4.1 颠簸等级判断 1.4.2 颠簸处置原则
2. 客舱服务	2.1 旅客登机前准备	2.1.1 能检查头等舱/公务舱客舱、厨房、卫生间等服务设施状况 2.1.2 能检查头等舱/公务舱食品、酒水等服务用品配备状况 2.1.3 能检查头等舱/公务舱卫生间状况及物品摆放	2.1.1 头等舱/公务舱服务设施检查标准 2.1.2 头等舱/公务舱服务用品检查管理要求 2.1.3 头等舱/公务舱客舱清洁检查标准
	2.2 起飞前准备	2.2.1 能为头等舱/公务舱旅客提供拖鞋、饮品等服务 2.2.2 能为头等舱/公务舱旅客提供物品保管的服务	2.2.1 头等舱/公务舱旅客登机时的工作要求 2.2.2 旅客物品保管服务要求
	2.3 空中服务	2.3.1 能在航班延误、清点旅客等特殊情况下进行广播 2.3.2 能为重要旅客人士、无成人陪伴儿童等特殊旅客提供服务 2.3.3 能为肢体残疾、盲人等残障旅客提供服务 2.3.4 能处理座位更换、药品冷藏问题 2.3.5 能填写乘务组的交接单 2.3.6 能按要求对飞机喷洒药物 2.3.7 能指导旅客填写海关、边防、检疫申报表 2.3.8 能回答国际航班时刻、飞行距离等航线知识的问询 2.3.9 能为驾驶舱内机组提供服务	2.3.1 特殊情况广播要求 2.3.2 特殊旅客服务要求 2.3.3 轮椅运输规定 2.3.4 座位更换规定 2.3.5 药品冷藏规定 2.3.6 遗失物品处置规定 2.3.7 沟通技巧 2.3.8 乘务组交接管理规定 2.3.9 飞机喷洒药物规定 2.3.10 国际航班海关、边防、检疫相关规定 2.3.11 国际航线知识 2.3.12 飞行机组服务规定

续表

职业功能	工作内容	技能要求	相关知识要求
2. 客舱服务	2.4 餐饮服务	2.4.1 能提供头等舱/公务舱酒饮服务 2.4.2 能提供头等舱/公务舱热饮服务 2.4.3 能识别头等舱/公务舱餐食的中英文名称 2.4.4 能识别各种面包的中英文名称 2.4.5 能提供国内头等舱/公务舱、国际近程头等舱餐食服务 2.4.6 能提供国际公务舱餐食服务 2.4.7 能提供犹太餐、儿童餐等特殊餐食服务 2.4.8 能烘烤头等舱/公务舱餐食	2.4.1 酒饮服务标准及要求 2.4.2 头等舱/公务舱热饮冲泡的要求及方法 2.4.3 餐谱的中英文名称 2.4.4 国内头等舱/公务舱、国际近程头等舱餐食服务标准 2.4.5 国内/国际公务舱餐食服务标准 2.4.6 特殊餐食代码和供应标准
	2.5 下降前管理	2.5.1 能在下降前完成回收机供品、整理厨房等工作 2.5.2 能在下降前完成归还旅客衣物、整理客舱等工作	2.5.1 机供品回收规定 2.5.2 下降前客舱、厨房、卫生间整理要求 2.5.3 归还旅客衣物要求
3. 应急处置	3.1 失火处置	3.1.1 能处置衣帽间失火 3.1.2 能处置娱乐系统失火 3.1.3 能处置隐蔽区域失火 3.1.4 能处置灯光整流器失火 3.1.5 能处置行李箱失火	3.1.1 衣帽间、娱乐系统、隐蔽区域失火处置程序 3.1.2 灯光整流器、行李箱失火处置程序
	3.2 应急医疗处置	3.2.1 能处置晕厥、癫痫等病症 3.2.2 能实施止血、包扎、固定、搬运等外伤急救	3.2.1 晕厥、癫痫等病症处置要求 3.2.2 机上急救设备使用方法 3.2.3 外伤急救基本技术

3.3 三级/高级工

职业功能	工作内容	技能要求	相关知识要求
1. 安全保障	1.1 空防安全管理	1.1.1 能处置遣返旅客、无签证过境旅客等特殊情况 1.1.2 能组织特殊情况清舱	1.1.1 特殊旅客运输管理规定 1.1.2 特殊情况清舱规定
	1.2 特殊情况处置	1.2.1 能使用自动体外除颤器等极地运行设备 1.2.2 能进行中度以上颠簸事件的后续处理	1.2.1 极地运行规范要求 1.2.2 客舱乘务员手册

续表

职业功能	工作内容	技能要求	相关知识要求
2. 客舱服务	2.1 旅客登机前准备	2.1.1 能检查、操作娱乐系统 2.1.2 能操作乘务员控制面板 2.1.3 能调控客舱灯光 2.1.4 能核对机上免税品配备状况	2.1.1 娱乐系统检查、操作规定 2.1.2 乘务员控制面板操作规定 2.1.3 登机音乐播放规定 2.1.4 客舱灯光调控规定 2.1.5 免税品管理规定
	2.2 空中服务	2.2.1 能进行免税品销售及管理 2.2.2 能回答旅客有关中转、定座、改签和行李托运等方面的问题	2.2.1 免税品销售规定 2.2.2 与旅客沟通技巧 2.2.3 中国民用航空旅客、行李国际运输规则
	2.3 餐饮服务	2.3.1 能提供国际远程头等舱餐食 2.3.2 能调制血玛丽、金汤力等鸡尾酒 2.3.3 能识别各种色拉汁的名称及产地 2.3.4 能识别各种奶酪的名称及产地	2.3.1 国际远程头等舱供餐标准 2.3.2 鸡尾酒的调制方法及程序 2.3.3 色拉汁的名称及产地 2.3.4 奶酪的名称及产地
	2.4 落地后工作	2.4.1 能进行旅客遗失物品交接 2.4.2 能与相应部门完成交接工作	2.4.1 旅客遗失物品交接规定 2.4.2 特殊旅客交接管理规定
3. 应急处置	3.1 应急撤离	3.1.1 能在应急情况下进行广播 3.1.2 能使用手电筒、反光镜等救生包内求救设备	3.1.1 应急情况广播要求 3.1.2 救生包内应急设备使用规定
	3.2 组织处置	3.2.1 能组织乘务员进行座舱释压处置 3.2.2 能组织乘务员进行机上灭火 3.2.3 能进行锂电池机上应急处置	3.2.1 座舱释压处置程序 3.2.2 机上灭火程序 3.2.3 锂电池机上应急处置指南
	3.3 应急医疗处置	3.3.1 能处理痢疾、流行性疾病等传染病 3.3.2 能签收、使用旅客医用氧气设备	3.3.1 传染病种类、症状及预防措施 3.3.2 旅客医用氧气设备运输规定

3.4 二级/技师

职业功能	工作内容	技能要求	相关知识要求
1. 安全保障	1.1 设备管理	1.1.1 能组织乘务员检查客舱应急设备 1.1.2 能组织操作/解除滑梯预位 1.1.3 能协调处理设备故障的问题 1.1.4 能填写《客舱记录本》	1.1.1 客舱应急设备检查标准、方法及报告程序 1.1.2 操作/解除滑梯预位规定 1.1.3 空中舱门漏气、内话机故障、安全带及禁止吸烟信号灯故障的处理方法 1.1.4 《客舱记录本》填写规定

续表

职业功能	工作内容	技 能 要 求	相关知识要求
1. 安全保障	1.2 空防安全管理	1.2.1 能处置旅客寻衅滋事、盗窃或损坏机上应急设备等行为 1.2.2 能处置机上爆炸物可疑装置	1.2.1 旅客非法干扰行为处置程序 1.2.2 机上爆炸物可疑装置处置程序
	1.3 危险品处置	1.3.1 能识别机上危险物品 1.3.2 能处置机上危险物品	1.3.1 国内、国际有关危险品的法律法规 1.3.2 危险品运输的一般宗旨和限制条款 1.3.3 机上危险品事故应急处置程序及方法
2. 服务监控	2.1 旅客登机前准备	2.1.1 能完成准备会前的准备工作 2.1.2 能组织召开航前准备会	2.1.1 航班运行客舱所需文件/物品规定 2.1.2 航前乘务组准备会工作流程
	2.2 起飞前准备	2.2.1 能签收和交接业务袋、货单等随机文件 2.2.2 能组织客舱乘务员做好起飞前的准备工作	2.2.1 签收和交接业务袋、货单等随机文件 2.2.2 起飞前准备工作要求
	2.3 空中服务	2.3.1 能处理旅客因飞机周转造成延误、更换机型等投诉 2.3.2 能为担架旅客、重度脑瘫合并肢体残疾旅客服务 2.3.3 能处理航班延误、机上餐食质量、衣物污损等问题 2.3.4 能填写酒单 2.3.5 能填写乘务日志、问题反映单等	2.3.1 投诉处理原则 2.3.2 民航特殊乘客运输管理办法 2.3.3 航班正常管理规定 2.3.4 餐食质量问题处理原则 2.3.5 衣物污损问题处理原则 2.3.6 特殊航线酒单填写规定 2.3.7 乘务日志和问题反映单等填写规定
	2.4 培训辅导	2.4.1 能指出并辅导三级/高级工及以下级别人员的现场服务问题 2.4.2 能组织驻外学习和航后讲评会	2.4.1 航班管理技巧 2.4.2 驻外学习和航后讲评会要求
3. 应急处置	3.1 应急撤离	3.1.1 能指挥乘务员进行应急撤离前客舱准备 3.1.2 能指挥乘务员进行应急撤离 3.1.3 能组织乘务员进行应急撤离后的工作	应急撤离原则
	3.2 应急医疗处置	3.2.1 能处置机组/乘务组人员失能事件 3.2.2 能处置气道堵塞、脑出血等应急医疗事件 3.2.3 能处置机上死亡事件 3.2.4 能填写机上急救等紧急事件报告单	3.2.1 机组/乘务组人员失能处置程序 3.2.2 气道堵塞、脑出血等应急医疗事件处置方法 3.2.3 重大事件报告规定及程序 3.2.4 机上死亡事件处置方法 3.2.5 机上急救等紧急事件报告单填写规定

3.5 一级/高级技师

职业功能	工作内容	技能要求	相关知识要求
1. 安全保障	1.1 组织与实施	1.1.1 能提出有关客舱安全的措施和改进建议 1.1.2 能编写客舱安全处置预案 1.1.3 能组织实施应急撤离演练 1.1.4 能制定和实施空防演练方案	1.1.1 航空空防发展简史 1.1.2 恐怖主义行径
	1.2 突发事件处置	1.2.1 能组织野外求生 1.2.2 能指挥乘务组在突发事件中有序开展工作 1.2.3 能协调相关部门在突发事件后做好善后工作	1.2.1 野外求生知识 1.2.2 应急撤离、应急医疗知识 1.2.3 突发事件善后基本知识
	1.3 机组资源管理	1.3.1 能运用机组资源管理理念对典型案例进行分析 1.3.2 能运用典型案例对机组资源管理提出建议	机组资源管理理论知识
2. 服务监控	2.1 服务管理	2.1.1 能分析航班服务问题，并提出解决方案 2.1.2 能处置旅客群体性事件 2.1.3 能编制并带班执行包机、紧急救援等航班任务	2.1.1 航班服务质量调查方法 2.1.2 旅客心理学 2.1.3 包机服务手册、紧急救援指导手册 2.1.4 飞行运行手册
	2.2 策划与研发	2.2.1 能为新机型提供客舱布局和乘务员职责划分参考建议 2.2.2 能编写客舱服务计划 2.2.3 能实施机上服务产品调研 2.2.4 能制定并实施客舱服务演练方案 2.2.5 能策划并实施客舱主题航班活动方案	2.2.1 客舱乘务员行业标准 2.2.2 客舱布局知识 2.2.3 服务计划制定要求 2.2.4 服务产品开发知识 2.2.5 主题航班活动方案制定和实施流程
3. 培训指导	3.1 理论培训	3.1.1 能编写客舱服务、客舱安全的技术总结 3.1.2 能向二级/技师及以下级别人员讲授理论知识	3.1.1 客舱安全服务标准 3.1.2 培训教学基本方法
	3.2 指导操作	3.2.1 能指导三级/高级工及以下级别人员进行实际操作 3.2.2 能指导二级/技师及以下级别人员进行航班管理	3.2.1 培训教学实操基本方法 3.2.2 职业培训的辅助设备、要求

4. 权重表

4.1 理论知识权重表

项目	技能等级	五级/初级工（%）	四级/中级工（%）	三级/高级工（%）	二级/技师（%）	一级/高级技师（%）
基本要求	职业道德	5	5	5	5	5
	基础知识	20	15	10	5	5
相关知识要求	安全保障	25	25	25	30	45
	客舱服务	25	30	30	—	—
	服务监控	—	—	—	30	35
	应急处置	25	25	30	30	—
	培训指导	—	—	—	—	10
合计		100	100	100	100	100

4.2 技能要求权重表

项目	技能等级	五级/初级工（%）	四级/中级工（%）	三级/高级工（%）	二级/技师（%）	一级/高级技师（%）
技能要求	安全保障	30	30	30	30	50
	客舱服务	30	30	30	—	—
	服务监控	—	—	—	30	40
	应急处置	40	40	40	40	—
	培训指导	—	—	—	—	10
合计		100	100	100	100	100

说明：为保持与原文件的一致性，故不变更表格形式。

1.2 心理学概述

学习提示

（1）了解心理学的发展历史。

（2）理解并掌握心理学的研究对象。

（3）结合实际，了解心理学的研究任务。

（4）了解心理学研究的意义。

学习内容

1.2.1 心理学的发展

早在公元前4世纪古希腊思想家亚里士多德（Aristotle，公元前384—公元前322）就写过一本心理学专著《论灵魂》，在书中探讨了人类的心理现象。但在很长的历史时期内，心理学一直包含在哲学之中。直到1879年，受自然科学的影响，德国哲学家冯特在莱比锡大学建立了世界上第一个心理实验室，把自然科学中所使用的方法应用于心理学的研究，标志着心理学从哲学中脱离出来，成为一门独立的学科。从此，心理学开启了一个崭新的发展历程。心理学迄今为止只有100多年的历史，与其他学科相比还是一门很年轻、正在发展中的学科。

19世纪末20世纪初，心理学研究呈现出百花齐放、百家争鸣的局面，出现了以冯特、铁钦纳为代表的构造主义学派；以詹姆斯、杜威、安吉尔为代表的机能主义学派；以华生为代表的行为主义学派；以韦特海墨为代表的格式塔学派；以弗洛伊德为代表的精神分析学派等。这些学派的基本观点不同，研究的范围和方法不同，却都想以自己的理论体系来引导心理学的发展，于是形成了长期的争论和对峙。20世纪30年代，新行为主义学派和新精神分析学派两个比较有影响的学派形成了。20世纪60年代，美国又出现了心理学的第三种力量——人本主义心理学，它主张心理学应是人化的心理学，强调研究人的本性、价值、尊严和自由。与此同时，认知心理学也出现了，被人们称为心理学研究的新方向，它认为人的行为主要取决于人的认识活动，强调心理学主要应研究人类认识的信息加工过程。目前，心理学研究逐渐出现本土化倾向，相关人员开始注重从本国实际出发来研究心理学。

在中国，心理学也同样有着悠久的历史渊源，孔子主张"性相近也，习相远也"；孟子主张性善，"人无有不善，水无有不下"；荀子主张性恶，"人之性恶，其善者伪也"等。他们争辩的核心问题，仍然是人的心理、精神现象，但当时在方法上仍然不能摆脱主观的臆测和推论，心理学还不能成为独立的学科，只能从属于哲学或其他学科。20世纪初，西方心理学开始传入中国，由于当时中国的经济落后、连年战乱，心理学工作者的数量很少，仅限于翻译和介绍西方的心理学。解放初期，中国心理学界片面强调学习巴甫洛夫高级神经活动学说和苏联心理学。1958年，中国开展了"批判心理学"的运动。1960年至1965年是心理学在中国的恢复期，但好景不长，"文化大革命"彻底否定了心理学。

从1977年以来的近几十年时间，是中国心理学的大发展时期，国内不仅增设了大量的教学和科研机构，培养了一大批心理学人才，而且还加强了国际交流与学习，产生了心理学的各个分支学科，心理学的研究和应用都得到了较大的发展。

1.2.2 心理学的研究对象和研究任务

1. 心理学的研究对象

心理学的研究对象是心理现象及其规律。在现实生活中，不仅人类有心理现象，动物也有心理现象。心理学是研究人的心理现象及其发生、发展规律的科学。

人的心理现象有着无穷的奥秘，恩格斯把它誉为"地球上最美的花朵"。在生活中，我们不难发现，有些人意志坚定、锲而不舍，最终实现了自己的目标，而有些人意志薄弱、半途而废；我们对喜、怒、哀、惧这些情绪、情感也都不陌生。这些都是人类心理活动的现象。人类在出现这些心理现象的同时，也一直在探索这些心理现象产生和发展的规律。于是就产生了系统研究心理现象及其发生、发展规律的科学，即心理学。

复杂的心理现象分为心理过程和个性心理两个方面，如图1-2所示。

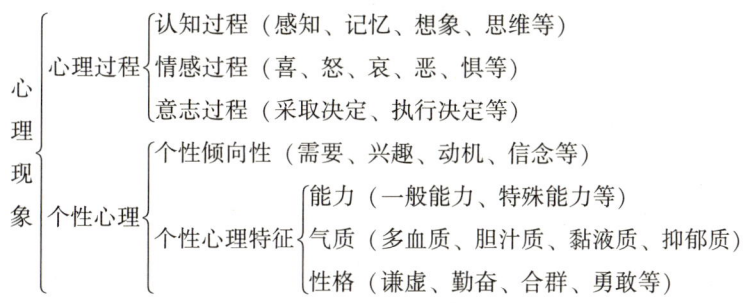

图1-2 心理现象

1) 心理过程

心理过程可分为认知过程、情绪情感过程和意志过程三个方面。

(1) 认知过程。认知过程，是指人通过感官和大脑对客观事物的现象和本质进行反映的心理活动过程，包括感觉、知觉、记忆、思维、想象等。

感觉，是人脑对当前直接作用于感觉器官的客观事物的个别属性的反映。例如，通过眼、耳、鼻等不同感官，反映客观事物的形状、颜色、软硬等个别属性。知觉，是人脑对直接作用于感觉器官的客观事物的各个部分和属性的整体反映。

知觉以感觉为基础，但不是感觉的简单相加，而是大脑对大量感觉信息进行综合加工后形成的有机整体。例如，对某个事物，我们通过视觉器官感到它具有圆圆的形状、红红的颜色；通过嗅觉器官感到它有香甜的气味；通过口腔感觉到它有酸甜的味道；于是，大脑皮层联合区对这些感觉信息进行综合加工分析，把这个事物反映成一个苹果，这就是知觉。

记忆，是过去经历过的事物在人脑中的反映。人在感知过程中形成事物的映像，当事物不再继续作用于感觉器官时，它并不随之消失，而能在头脑中保持一定的时间，在一定的条件下还能重现出来。

思维，是人脑借助于语言对客观事物间接和概括的反映。人不仅能直接感知个别具体的事物，还能够运用头脑中已有的知识、经验去揭示事物的本质联系和内在规律，如公安人员通过犯罪现场的蛛丝马迹，推断出嫌疑人犯罪的大概过程。

想象，是人脑对过去形成的表象进行加工改造后而产生新形象的心理过程。想象是在记忆表象的基础上进行的，但不是记忆表象的简单再现，而是记忆表象的重新改组和重建。

人类总是随时在感知着周围的环境，并通过自身的选择进行记忆和分析等思维活动，有些时候还会进行想象和创造，从而得出比较恰当的判断。

（2）情绪情感过程。情绪情感过程，即人们在认识客观事物的过程中，由于客观事物与人的需要之间的关系而使人产生喜、怒、哀、惧等主观心理体验的过程。

俗话说，人非草木，孰能无情？人在认识世界和改造世界的过程中，总会产生这样或者那样的主观体验。一般来说，人的需要被满足就会引起积极的情绪、情感，需要得不到满足就会产生消极的情绪、情感，如事业上的成功会让我们感到愉快和喜悦，失去亲人会令我们感到痛苦和悲伤等。

（3）意志过程。意志过程，是人类有意识地提出目标、制订计划、选择方式方法、克服困难，以达到预期目的的内部心理活动过程。意志是人的主观能动性的充分体现，动物只能消极地顺应周围环境，而人能够根据客观世界发展的规律和主观需要，事先确定目的、制订计划、调节行动，达到改造客观世界的目的。

认知过程、情绪情感过程、意志过程三个方面相辅相成，统称为心理过程。认知过程是一切心理活动的基础，意志活动总以一定的认知活动为前提；情绪情感过程总是伴随着认知过程和意志过程而产生的；反过来，情绪情感过程和意志过程又促进了人类认知的发展。

所以，知、情、意这三个不同的过程彼此联系、相互作用，构成了心理学研究的一个重要方面。

2）个性心理

人们生活在现实环境中，每时每刻都受到自然环境、社会环境等各种因素的影响。由于每个人的先天素质和后天的生活环境不同，心理过程总是带有个人的特征，从而形成了每个人的个性。例如，有人是急性子，有人是慢性子；有人宽容大度，有人斤斤计较。这些都是人的个性心理特征。与此同时，人们在各自的生活环境中，还形成了各自的兴趣与喜好等，如有人爱好音乐、有人喜欢数学、有人喜静、有人好动等，心理学上把这些心理活动称为个性倾向。个性倾向是心理学研究的另外一个重要方面。

人的心理过程和个性心理是密切联系的。一方面，心理过程概括了人们共性的心理

规律，个性心理是通过心理过程形成的。如果没有对客观事物的认识，没有对客观事物产生的情绪和情感，没有对客观事物积极改造的意志过程，个性心理就无法形成；另一方面，个性是在心理过程中不断重复、强化而逐渐形成的，已经形成的个性心理又会制约心理过程的进行，并在心理活动过程中得到表现，从而使共性的心理过程带上了浓厚的个人色彩。

心理过程和个性心理都属于心理学的研究对象，二者相互联系，不可分割。

2. 心理学的研究任务

人的心理世界是宇宙中最复杂、隐秘的领域之一，心理活动渗透在人类社会生活的各个领域，人类认识世界和改造世界的一切实践活动都是在人的心理活动的参与下进行的，也都是在人的心理调节指导下完成的。心理学研究的基本任务就是探索、揭示人类心理现象发生、发展和变化的规律，具体可以分为以下三个方面。

1）描述人的心理现象

心理现象虽然纷繁复杂，但有其质和量的特点，只有先从现象上把握了心理活动的质和量的特点，才有可能进而理解心理现象的实质和揭示心理活动的规律。为此，心理学研究的首要任务是从质和量两个方面描述人类的心理现象，寻找其规律性。例如，在研究人的智力时，相关人员应从智力的结构、作用等方面描述和把握智力的特点，同时用实证方法测量人的智力的水平高低、变化发展等。心理学研究所使用的测量工具有两种：一是可行性（可信度），即所测量的数据不应该在测验时有大的变化；二是有效性（效度），即这个测验必须能测量想要测量的东西。

2）理解和说明人的心理规律

心理现象是在一定的内外因素的影响下产生和发展的。因此，理解和说明人的心理规律就成为心理学研究的重要任务。理解和说明人的心理规律，实际上就是探究心理现象产生或变化的原因，并揭示其规律。其具体研究主要涉及三个方面。

第一，影响因素研究，即研究影响心理的各种因素，一般包括环境因素、生理因素和心理因素三类，以及这些因素在导致某一心理现象产生或变化中的相互关系、相对重要性等。

第二，因果关系研究，即查明这些影响因素与心理现象产生或变化之间的因果关系。

第三，内在机制研究，即研究某一心理现象产生或变化时，其机体内部心理上的神经生化机理和心理上的信息加工机理。

3）预测和控制人的心理活动

掌握了人的心理活动规律，就能根据客观现实的需要去预测和控制人的心理活动。通过预测和控制来解决现实中所存在的各种心理问题，以提高人的学习、工作、生活的质量，促进人的心理健康发展，这是心理学研究的最终目的。所谓预测，就是根据心理现象产生和变化的规律，对人的心理活动的产生和变化趋势进行预先的推测。例如，在了解个体性格特征的前提下，我们可以较准确地预测其在特定情境中会有哪些行为反应。所谓控制，就是根据影响因素与心理活动之间的因果制约性，采用提供或消除某些影响因素的方式，促使某一心理活动的产生或避免某一心理活动的产生。例如，利用适当的奖惩措施可以养成个体良好的行为习惯或改变个体不良的行为习惯。科学的重要作用就在于预测和控制，了解了影响心理活动的因素，就能够尽量消除不利因素，创造有利因素，从而改造和控制个体的行为，提高个体的活动效率。

心理学既是一门理论科学，又是一门应用科学。完成上述这些基本任务不仅有重大的理论作用，而且具有广泛的应用价值。

1.2.3　心理学研究的意义

世界上任何事物或现象的变化发展都是有规律的，人的心理活动同样也有其规律性。一切社会实践活动都是由人的活动构成的，而人的一切活动又都是在其心理活动的调节下进行的。因此，心理学作为研究人的心理现象及其规律的科学，对于所有与人相关的活动或领域都有着特定的理论和实践意义。

从理论意义上看，心理学从动物种系发展方面、个体发展方面阐明了心理现象的发生、发展过程，阐明个体的心理现象依存于个体的神经系统和客观现实。这就证明了人的心理对物质世界的依赖关系，心理是客观现实与人脑相互作用的结果，进一步具体地论证了物质与意识的关系、认识与实践的关系、感性认识与理性认识的关系。掌握了心理学的科学知识，能帮助个体正确地理解各种精神现象，有助于人们形成科学的世界观。

从实践意义上看，心理学是一门应用性很强的学科，它为人们的许多实践领域提供了心理学方面的依据。例如，利用儿童心理发展的规律，可以更好地培养儿童多方面的能力；利用人的个性特点和规律，有针对性地进行教育，能够取得较好的教育效果；在选拔和培训人才方面、在提高企业管理水平方面、在增强法制效果等方面心理学都可充分发挥作用。此外，犯罪心理学、侦查心理学为我们预测和侦破犯罪提供了心理学方面的依据等。以上这些都是心理学在实践领域中发挥重要作用的具体体现。

总之，心理学以其重要的理论和实践价值而在当代社会越来越受到重视，随着社会的进步和发展，心理学研究也日益彰显出重要的理论和实践意义。

思考与讨论

（1）心理学的研究对象是什么？

（2）研究心理学对当代社会有什么意义？

（3）简述心理学的发展历史。
（4）试述心理学的研究任务。

> **知识拓展**

心理学的独立宣言

冯特，对于任何一个心理学者来讲都是不陌生的，他是伟大的心理学家，也是实验心理学的创始者。

威廉·冯特（W. Wundt，1832—1920）出生于德国南部巴登地区的曼海姆附近的尼卡拉村，父亲是一位基督教路德派的牧师。冯特曾跟随被誉为"生理学之父"的约翰内斯·穆勒学习生理学，担任过著名心理学教授赫尔姆赫兹的助手长达十年之久，在他们的影响下，冯特开始了生理心理学的研究。1879年，冯特在莱比锡大学创建了世界上第一个心理学实验室，这是心理学发展史上的一个里程碑，它标志着心理学正式走向独立。1881年，他创建《哲学研究》，这是世界上第一部发表实验心理学研究报告的杂志，大大地促进了实验心理学研究的发展。

冯特学识渊博，著述非常丰富。他的著作涉及心理学、生理学、物理学、哲学、逻辑学、伦理学、语言学、人类文化学等诸多领域。据统计，他一生的著作多达500余种，共计53735页。按照他投入研究的68年时间来计算，他若昼夜不停地写，平均每天需要写2.2页。如此可见，冯特是一个多么热爱研究并且勤奋的学者。

冯特认为，心理学和其他自然科学一样都以经验作为研究对象，只不过出发点不一样而已。例如，我们所熟悉的"光"，心理学是研究人对光的感觉，而物理学则是研究光的波动、波长等。由于冯特认为心理学的研究对象是人的经验，因而他认为内省法是心理学特有的研究方法。

内省法，就是指通过对自己内心活动进行观察、体验和陈述来研究其心理活动的方法。冯特将传统的内省法加以改进，与实验相结合，将其称为实验内省法。另一种研究方法，是他通过人类历史文化材料来研究社会心理学，他运用这种方法，研究了20年的民族心理学，冯特对语言、神话和风俗的研究也颇为深入。

冯特认为，一切心理现象都是由心理元素构成的，心理元素是最终不可再分的心理结构单位，类似物理学中的原子，它包括感觉和感情两个元素。感觉呈现的是人经验的客观内容，感情则呈现的是人的经验的主观内容。例如，你看见了一朵娇艳的玫瑰花，这便是感觉，你非常喜欢它，就是感情了。冯特认为感觉和感情都具有性质和强度的特性，并根据这两种特性对感觉和感情进行分析和分类。他还认为对于感情的描述需要从三种维度才能做出有效的说明：愉快—不愉快；紧张—松弛；兴奋—沉静。他以此为基础提出了知名的感情三维度说——任何一种感情都可以在上述三个维度所组成的坐标图中定位。冯特的感情三维度说如图1-3所示。

冯特还认为，心理元素可以结合成各种心理复合体，就像可以用不同品种的酒混合成风格迥异的鸡尾酒一样。他把由感觉组成的心理复合体称为观念，如记忆、知觉等；把由情感组成的心理复合体称为感动，如情绪、意志等。心理复合体是由心理元素通过联想和统觉两种形式而组成的。联想是一种被动的、机械的消极的过程，是一种低水平的心理组合方式，如儿童通过联想可以流利地背诵古文，但是却不能理解文章内容；统觉则是一个积极主动的高级心理过程，是对经验的创造性地综合与把握的过程，人的认识活动，如看新闻，拟写一份策划，主要是通过统觉的创造性综合来实现的。

冯特通过对心理复合体的研究还提出了心理复合体形成的三个基本原则，同时也发现了有趣的错觉，如图1-4所示。

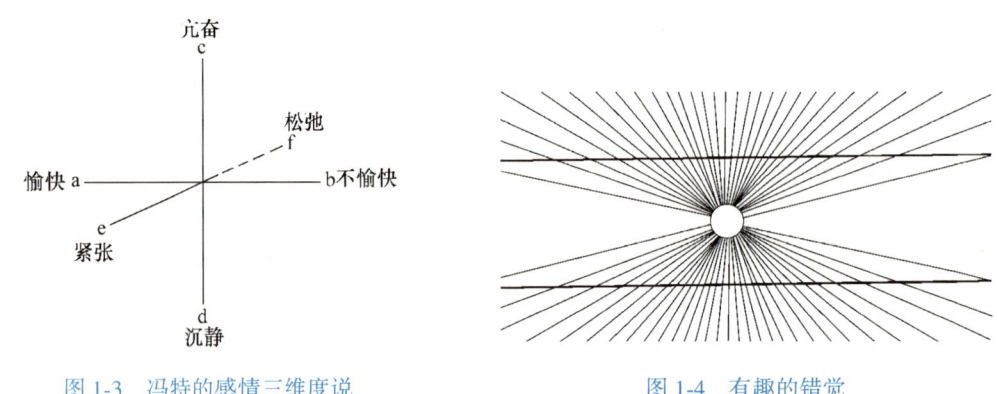

图1-3　冯特的感情三维度说　　　　　图1-4　有趣的错觉

你是否觉得图1-4中的两条线看起来显得向外弯曲呢？其实它们是两条平行线，为什么会这样呢？因为放射状的线段所造成的深度知觉影响了对原本平行直线的知觉，因而你的眼睛就认为这两条直线不平行了。

总而言之，冯特一生的功绩主要有三个方面：①他让心理学从哲学领域中独立出来；②他创建了世界上第一个心理学实验室，这标志着科学心理学的诞生；③他培养和建立了一支研究心理学的专业队伍，他们推动着心理学快速发展。

1.3　民航服务心理学概述

学习提示

（1）理解并掌握民航服务心理学的研究对象。

（2）了解民航服务心理学的研究任务。

（3）了解民航服务心理学研究的重要意义。

> 学习内容

1.3.1 民航服务心理学的研究对象和研究任务

1. 民航服务心理学的研究对象

民航服务心理学主要研究民航旅客的消费心理、民航服务心理和民航服务人员的心理，这三个方面的内容构成了民航服务心理学的研究对象。民航服务过程不仅囊括了民航旅客和民航服务人员两大主体，同时也被各种社会、经济、文化等多方面因素所影响。因此，民航服务心理学的研究不能独立进行，必须将其放到各种环境与背景因素中进行综合考虑。

1）民航旅客的消费心理

民航服务心理学要探讨民航旅客的服务需要、动机、情绪情感等相关的心理活动特点和规律，了解心理因素对旅客选择和消费过程的影响。在民航服务过程中，了解自身的服务对象能够帮助我们更好地为旅客提供其满意的服务，有助于我们正确理解并预测旅客的行为，从而有效地影响和引导旅客的行为。

2）民航服务心理

从心理学的角度看，民航服务实质上是民航服务人员通过与旅客的互动交往，以帮助旅客获得良好的消费经历和消费体验的过程。要使旅客获得好的体验，民航服务人员就必须在服务过程中迎合旅客心理，满足旅客需要。因此，民航服务人员与旅客在服务交往过程中的心理探讨，就成了民航服务心理学研究对象的一个重要方面。

3）民航服务人员心理

民航服务人员，如机场候机楼内的服务人员、机场地勤服务人员、航空公司的飞行人员及空中乘务人员的需要、情绪情感、人际关系等心理活动特点和规律也是民航服务心理学研究的对象。在服务行业中，产品质量不仅取决于设施设备等硬件条件，更取决于服务人员的素质及其服务意识等软件要素。所以，了解民航服务人员的心理，在企业管理中做到知己知彼、有的放矢，就成为提高服务质量和管理效率的关键因素。

2. 民航服务心理学的研究任务

民航服务心理学主要研究民航旅客、民航服务人员及这两者在服务交往过程中的心理规律，其研究任务主要包括以下三个方面。

1）探讨民航旅客在消费过程中的心理规律，为提供针对性服务奠定理论基础

旅客的消费行为是在其消费心理的支配下进行的，因此了解旅客消费心理的发生、发展和变化规律是非常有必要的。探讨旅客的消费心理就是探讨旅客消费行为产生的规律，探讨旅客的知觉、情绪情感等。同时，由于先天素质的差异和所处社会环境的不

同，每个旅客在气质、性格等方面存在差异，因此旅客的个性心理探讨也是民航服务心理学研究的重要任务。了解旅客的个性心理规律，可以帮助我们更好地理解旅客在消费过程中的心理需要，并针对这些需要提供更好的服务，从而使每一次服务都能让旅客感到满意。

2）探讨民航服务人员的心理规律，为提高民航服务质量提供理论依据

民航服务人员在工作中的心理状态、心理素质等直接决定民航服务质量的高低。民航服务心理学必须从民航服务人员的知觉、情绪情感、意志及能力等多方面探讨民航服务人员的心理规律，帮助民航服务人员更好地认识自我、调节自我，以最佳的状态完成每一次服务，从而不断提高民航服务的质量。

3）研究民航服务人员与民航旅客在服务交往中的心理规律，提高民航整体服务质量

民航服务是由民航服务人员与旅客之间一个个短暂的交往过程衔接起来构成的，每一个环节进行得好坏都直接决定旅客的满意度。因此，研究民航服务交往过程中的心理规律，是民航服务心理学的重要任务。例如，在航班延误时如何缓解旅客焦急、烦躁的情绪；面对旅客的指责如何缓解剑拔弩张的气氛等。民航服务是由很多环节构成的整体，每个环节之间的衔接也至关重要。如何做好不同服务环节的衔接，有效引导旅客心理的变化，这些都是民航服务心理学的研究任务。

1.3.2　学习民航服务心理学的必要性和意义

民航服务心理学的学习，不仅能够帮助我们从理论上理解旅客及民航服务人员自身的心理规律，同时对于民航服务水平的提高和民航事业的发展也具有一定的实践意义。

1. 学习民航服务心理学，有助于提高民航服务人员的素质，建设高质量的员工队伍

随着中国民航运输的快速发展，国内、国际航空公司之间的竞争也日益激烈，各航空公司为了提高企业的竞争力，对服务质量提出了更高的要求。民航服务是一项与人打交道的工作，民航服务人员为旅客提供服务，实际上是一种人与人之间的交往关系，既然是与人打交道，就必须了解人的心理。民航服务人员一方面必须了解旅客的各种心理特点，并根据旅客的个性特点为其提供高质量的针对性服务；另一方面还要了解与把握自身的心理，培养自身良好的心理素质。因此，学习民航服务心理学对于帮助民航服务人员更好地完成服务过程，提高民航服务质量有重要的实践意义。

2. 民航服务心理学的学习，有助于提高民航企业的管理效率和经营水平

民航服务心理学的学习可以让我们更好地了解我们面对的旅客，把握民航旅客的个性特点，并帮助我们运用心理学规律分析旅客的心理，有针对性地调整企业的经营方针

和策略。同时，民航服务心理学对民航服务人员心理的探讨和分析，可以帮助管理者了解民航服务人员心理状态和个性心理，了解企业内部人际关系状况，从而使管理者得以有效调节和引导民航服务人员的心理状态，调动民航服务人员的工作积极性。所以，民航服务心理学为民航企业的人力资源管理提供了必要的知识支持。

3. 民航服务心理学的学习，有助于民航服务质量的提高和民航事业的发展

民航事业的性质特点决定我们在从事这一行业时必须对所服务的对象有充分了解，了解旅客的性格偏好、了解旅客的内在需求是民航从业者的首要任务。民航企业要取得竞争的胜利，必须使自己的产品真正满足旅客的需求，这是民航企业赖以生存和发展的基础。民航服务心理学肩负着帮助我们了解旅客和自身的重要任务，对于发展我国民航事业，提高民航服务质量有着重要的价值。

思考与讨论

（1）民航服务心理学的研究对象是什么？
（2）民航服务心理学的研究任务有哪些？
（3）请结合实际，谈谈学习民航服务心理学的意义。
（4）请结合本教材的体系，讨论民航服务心理学有哪些不同的研究思路。

第 2 章　民航服务与知觉

本章导读

通过了解知觉的内涵与特征，以及影响知觉的各种客观因素，学会在民航服务中运用知觉的规律解决实际问题，更好地把握旅客心理，从而提高民航服务质量。

案例导入

香港国际机场——购物的天堂

香港国际机场是距离内地最近、最优秀的国际航空港之一，其造价高达 200 亿美元。说到香港，似乎总与购物有关，在机场也不例外。香港机场的免税购物走廊，大约集合了近 200 个商家店铺。旅客在香港机场更可到公用候机室中享受各种服务，缴费后，旅客可品尝自助餐和各式饮品、欣赏最新的影片和音乐、阅读杂志等。优美宜人的机场环境，吸引着每一位旅客的注意力，并提高旅客对机场和航空公司的赞誉度，为他们留下美好的印象。

2.1　知 觉 概 述

学习提示

（1）掌握知觉的概念。
（2）了解知觉的分类。
（3）了解知觉的特征。

> 学习内容

2.1.1 知觉的概念

知觉，是直接作用于感觉器官的事物的整体在人脑中的反映，是人对感觉信息的组织和解释的过程。例如，看到一个苹果、听到一首歌曲、闻到花香等，这些都是知觉现象。在认知科学中，知觉也可被看作一组程序，包括获取感官信息、理解信息、筛选信息、组织信息。

知觉和感觉一样，都是刺激物直接作用于感觉器官而产生的，都是我们对现实的感性反映形式。离开了刺激物对感觉器官的直接作用，既不能产生感觉，也不能产生知觉。通过感觉，我们只知道事物的个别属性；通过知觉，我们才对事物有一个完整的印象，从而知道它的意义。

与感觉相比较，知觉又具有不同于感觉的特征。第一，知觉反映的是事物的意义，因此知觉是一种对事物进行解释的过程。第二，知觉是对感觉属性的概括，是对不同感觉通道的信息进行综合加工的结果，所以知觉是一种概括的过程。第三，知觉包含思维的因素。知觉要根据感觉信息和个体主观状态所提供的补充经验来共同决定反映的结果，因而知觉是人主动地对感觉信息进行加工、推论和理解的过程。

所以，我们可以说感觉是知觉的基础，知觉是感觉的深入。

2.1.2 知觉的分类

根据不同的标准，我们可以对知觉进行不同的分类。根据知觉是否正确，可将知觉分为正确的知觉和错误的知觉；根据知觉活动中占主导地位的感受器的不同，可将知觉分为视知觉、听知觉、嗅知觉、味知觉等；根据知觉对象的不同，可将知觉分为物体知觉和社会知觉。

1. 物体知觉

物体知觉就是对物的知觉。任何事物都具有空间、时间和运动的特性，因而物体知觉又分为空间知觉、时间知觉、运动知觉。

1）空间知觉

空间知觉是人对客观世界三维特性的知觉，具体指物体大小、距离、形状和方位等在人的头脑中的反映。空间知觉包括形状知觉、大小知觉、深度与距离知觉、方位知觉等。空间知觉是一种较复杂的知觉，需要人的视觉、听觉、运动觉等多种分析器的联合活动来实现。在我们的生活、学习中，空间知觉具有重要的作用。例如，在学习汉语拼音、汉字时，我们需要正确辨别上下、左右，否则难以顺利地识别汉语拼音和掌握汉字的结构；下楼梯时，如果我们不知道有几个台阶、每个台阶有多高，就容易摔倒。

2）时间知觉

时间知觉是对事物发展的延续性、顺序性的知觉，具体表现为对时间的分辨、对时间的确认、对持续时间的估量、对时间的预测。在生活中，我们对时间的知觉既可以借助于自然界的变化，如太阳的东升西落、月圆月缺、四季变化等，也可以借助于生活中的具体事件或自身的生理变化，如数数、打拍子、节假日、上下班等，还可以借助于时钟、日历等。在不同的心理状态下，人们对时间的估计有很大差别。研究表明：在悲伤的情绪中，人们会觉得时间过得慢；在欢快的情绪中，人们会觉得时间过得快。

3）运动知觉

运动知觉是指人脑对物体空间位移的知觉。世界上万事万物都处在运动当中，因而运动和静止是相对而言的。物体运动速度太慢或太快都不能使人产生运动知觉。人没有专门感知物体运动的器官，对物体运动的知觉是通过多种感官的协同活动实现的。当人观察运动的物体时，如果眼睛和头部不动，物体在视网膜上的成像的连续移动，就可以使我们产生运动知觉。如果用眼睛和头部追随运动的物体，这时视像虽然保持基本不动，眼睛和头部的动觉信息也足以使我们产生运动知觉。如果我们观察的是固定不动的物体，即使转动眼睛和头部，也不会产生运动知觉，因为眼睛和颈部的动觉抵消了视网膜上视像的位移。

2. 社会知觉

社会知觉就是人对人的知觉，人对由人的社会实践所构成的社会现象的知觉，具体包括对他人的知觉、对自己的知觉、对人与人之间关系的知觉等。

我们每个人都是社会人，不可避免地要和各种类型的人交往，而良性交往的前提是了解对方。我们不仅会通过与对方的言语来了解对方，也会根据对方的面部表情、身体姿态和活动等形成对对方的印象。与陌生人初次交往时，我们对他人的知觉常常受对方给自己留下的第一印象的影响。在心理学中，这一现象叫作首因效应。

此外，在对他人知觉的过程中还存在晕轮效应，即对一个人形成某种印象后，我们会以与这种印象相一致的方式去判断这个人的其他特点。例如，如果我们喜欢某个明星，则会喜欢与明星有关的一切事物，包括他（她）的发型、穿着、说话的神态及其家人等。

我们每个人常常面临选择，选择报考哪所学校、哪个专业，选择工作地点、工作单位，选择恋爱、结婚的对象等。恰当的选择的前提是了解自己，了解自己的性格特点、兴趣爱好、能力等。我们可以通过随时反省来了解自己，而了解自己是积极适应社会的前提之一。

2.1.3 知觉的特征

1. 知觉的整体性

知觉的整体性也称知觉的组织性，是指知觉能够根据个体的知识经验将直接作用于感官的客观事物的多种属性整合为同一整体，以便全面地、整体地把握该事物。知觉的整体性可归纳为以下规律。

1) 接近律

接近律，是指空间位置接近或发生时间相近的客体，容易被感知为同一整体。例如，人们习惯上认为马来西亚、泰国、新加坡离得很近，常常把它们划为同一个地区来考虑，这就是接近律的一种体现。

2) 相似律

相似律，是指人们在感知各种刺激物时，容易将具有相似自然属性的事物组合在一起。例如，在民航服务中，人们容易将中国人、日本人、韩国人混淆，容易将美国人、加拿大人、英国人混淆，就是因为他们的长相、举止很像的缘故。

3) 连续律

连续律，是指几个对象在空间和时间上如果有连续性，容易被感知为一个整体。例如，世界各国机场、航空公司的员工、空中乘务人员都有各自统一的制服，这样人们看到服装及标志，就很容易将他们知觉为一个整体，他们代表了航空公司的形象，成为民航机场或航空公司的象征。

2. 知觉的选择性

人们按照某种需要、目的，主动地、有意识地选择少数事物作为知觉对象，或无意地被某种事物所吸引，以它作为知觉对象，对这些事物产生鲜明、清晰的知觉印象，而周围的事物则成为知觉的背景，其印象比较模糊，这就是知觉的选择性。知觉的选择性保证了人们能够把注意力集中到重要的刺激或刺激的重要方面，排除次要刺激的干扰。实际上，知觉对象从背景中分离，与注意的选择性有关。

从某种意义上来说，知觉的选择性是一种感知防御形式，通过主观的知觉选择，可以排除那些本质的、无关的，或从个人角度、文化角度出发难以接受的事物。

3. 知觉的理解性

知觉的理解性，是指人们往往借助过去的知觉经验，理解客观事物的含义，并形成整体的知觉印象。影响知觉理解性的主要因素是个人的知识经验、言语指导、时间活动及个人兴趣、爱好等因素。当我们感觉某一刺激物时，如果同需要、态度和兴趣有关，就可以使知觉直接对准我们所需要的事物，从而缩短知觉距离。但有时这样也容易导致人们形成偏见。例如，一名旅客在飞机上对某位民航服务人员的服务不满意，就容易认为这家航空公司的服务不到位、服务质量不高，从而对这家航空公司产生不好的印象，以后再也不愿意乘坐这家航空公司的飞机了。

4. 知觉的恒常性

尽管作用于我们感官的刺激在不断地变化，我们所知觉到的物体却保持着相当程度的稳定性。当从不同的角度、不同的距离、不同明暗度的情境之下观察某一熟知物体时，虽然该物体的物理特征（大小、形状、亮度、颜色等），因受环境影响而有所改变，但我们对物体特征所获得的知觉经验，却倾向于保持其原样不变的心理作用，故称之为知觉恒常性。

知觉的恒常性表现在许多方面，有亮度恒常性、大小恒常性、颜色恒常性等。

| 思考与讨论 |

（1）知觉和感觉有哪些区别和联系？

（2）知觉的特征是什么？在旅客运输过程中，如何利用知觉的特性提高旅客对运输服务质量的感知和评价？

2.2 影响旅客知觉的因素

| 学习提示 |

（1）掌握影响旅客知觉的主观因素。

（2）了解哪些心理因素会造成旅客知觉的偏差。

（3）了解影响旅客知觉的客观因素。

| 学习内容 |

2.2.1 民航服务知觉的偏差

在民航服务交往中，民航旅客是一个不可缺少、极其重要的主体。民航旅客的知觉不仅会影响旅客自身的心理，而且还会对服务交往产生直接影响，因为每位旅客的知觉对自身的行为都具有直接的指导意义。在知觉的过程中，由于许多因素会影响知觉的结论，而且每个人的知觉千差万别，因而会产生知觉偏差。这些因素主要可以归纳为主观因素、客观因素和知觉情境三个方面。作为一个民航服务人员，了解与掌握旅客的知觉

是非常重要的,这有助于民航服务人员正确了解旅客的心理,有助于民航服务交往的顺利进行。

2.2.2 影响知觉的主观因素

人是知觉的主体,知觉者的很多个人特点和个人的主观因素都会影响知觉。人在知觉过程中表现出来的个体特征,又称知觉方式或知觉风格。知觉方式表现为一个人习惯于采取什么方式对外界事物进行认知,它并没有好与坏之分。知觉方式有很多表现形式,如沉思性和冲动性、拉平化和尖锐化等。其中,最主要的是威特金提出的场依存性和场独立性特征。具有场依存性特征的人,倾向于以整体的方式看待事物,在知觉中表现为容易受环境因素的影响,"近朱者赤,近墨者黑"就是环境对具有场依存性特征的人认知影响的写照。具有场独立性特征的人,更倾向于以分析的态度接受外界刺激,在知觉中较少受环境因素的影响。与知觉密切相关的主观因素是兴趣、动机、经验、个性、定势等。

1. 兴趣

兴趣是人们积极探究某种事物,或从事某种活动的意识倾向。这种倾向是和一定的情感体验相联系的。知觉者通常把自己感兴趣的事物作为知觉对象,而把那些和自己兴趣无关的事物作为背景,或干脆将其排除在知觉之外。例如,一个对民航工作很有兴趣的人,总是关心报纸、杂志上有关民航工作的报道和文章,并注意新出版的民航类书籍,希望能和民航界的从业人员交朋友,参加相关的讨论会。在从事这些活动时,他(她)总是处于精神饱满、情绪愉悦的状态。

兴趣是建立在一定需要的基础上,在社会实践过程中形成和发展起来的。当主体产生某种需要的时候,他就会对周围环境中满足其需要的事物优先注意,产生兴趣,如为了满足认识的需要,人们往往笃阅读相关书籍产生兴趣。人们往往对完全生疏的、不理解的事物,不会有多少兴趣,但随着对该事物的逐渐熟悉、理解、掌握,兴趣会随之产生。一门知识只有当你真正"钻"进去的时候,才会对其产生浓厚的兴趣。因此,兴趣是在实践活动中发生、发展起来的。

人的兴趣的发展一般要经过有趣、乐趣、志趣三个阶段。有趣是兴趣发展的初级水平(第一阶段),它往往是由某些外在的新异现象所吸引而产生的直接兴趣,特点是持续时间短暂,甚至随生随灭;乐趣是兴趣发展的中级水平(第二阶段),它是在有趣的基础上发展起来的,特点是基本定向,持续时间较长;志趣是兴趣发展的高级水平(第三阶段),它与人的崇高理想和远大目标相结合,是在乐趣基础上发展起来的,特点是持续的时间长,不易改变。

兴趣与动机,二者都起源于需要,都可视为引起个体行为的内在原因。但是,兴趣可看作动机的定向，是动机的进一步发展，或者说是一种特殊的动机。人对某一事物产生了动机，还不一定能发展为兴趣；若一旦成为兴趣，则必然有与之相伴随的动机。兴趣因行动结果获得的满足感而巩固、加深。

1）兴趣的种类

（1）物质兴趣和精神兴趣。物质兴趣是以人的物质需要为基础的兴趣，对个人的物质兴趣必须加以正确引导和适当控制。精神兴趣是以人的精神需要为基础的兴趣，主要表现为认识的兴趣，如对科学知识的探求、对文学艺术的喜爱及社会交往等方面的兴趣。

精神兴趣与人的文化修养有关。一个人的兴趣是在物质方面强烈，还是在精神方面浓厚，与他（她）的理想、人生观有密切的联系。

（2）直接兴趣和间接兴趣。直接兴趣是指人对事物或活动本身产生的兴趣。例如，在学习过程中，学生由于被学习内容所吸引而愿意学习，这便是直接兴趣的表现。间接兴趣是指人对事物或活动可能达到的结果产生的兴趣。例如，我们对某项劳动将取得的成果，或掌握某门知识后的作用感兴趣就是间接兴趣。

直接兴趣和间接兴趣可以相互转化，这两种兴趣在实践活动中都是必要的。一般说来，只有把直接兴趣和间接兴趣很好地结合起来，才能充分调动一个人的积极性。

2）兴趣的品质

（1）兴趣的倾向性。兴趣的倾向性是指人的兴趣是针对什么事物或内容而产生的。人们在兴趣的倾向性方面会表现出很大的差异，如有人对自然科学感兴趣，有人则喜欢社会科学，另有一些人可能醉心于艺术。我们根据社会的道德标准来衡量兴趣的倾向性，兴趣又有高尚与庸俗之分。凡是指向社会进步和人类文明的事物的兴趣都属于高尚的兴趣，凡是指向阻碍社会进步、削弱人们意志的事物的兴趣则属于低级庸俗的兴趣。

兴趣的倾向性主要是由个体的理想和世界观决定的。

（2）兴趣的广阔性。兴趣的广阔性是指个体兴趣的范围。有的人兴趣广泛，对许多事物和活动都兴致勃勃，乐于探求，因而知识渊博，眼界开阔；而有的人的兴趣则比较狭窄，只对与自己生活和工作有关的事物有兴趣，因而知识有限，思想容易闭塞。

广泛的兴趣应该在正确的兴趣倾向指导下和中心兴趣（指在广泛兴趣的基础上，对某一方面的事物或活动有特别浓厚和稳定的兴趣）结合起来，否则如果样样都喜欢，样样都不会，结果是一无所长，难有建树。

（3）兴趣的稳定性。兴趣的稳定性是指兴趣持续时间的长短，持续时间长则稳定性强，持续时间短则稳定性弱。

有的人的兴趣较稳定，一旦对某事、某活动产生兴趣，则力求深入，锲而不舍，甚至保持终身，从而获得系统的科学知识或丰硕的工作成果；而有的人的兴趣却变化无常，如烟似云，兴趣所至，可达到狂热和迷恋的程度，但时间不长，兴趣就可能没有了。

(4) 兴趣的效能。兴趣的效能是指兴趣对活动的推动所产生的效果。根据兴趣的效能水平，一般可将兴趣分为积极的兴趣和消极的兴趣；消极的兴趣使人只处于"心向往之"的静观状态，不能产生任何实际效果；积极的兴趣使人不仅"心向往之"，而且"动而求之"，从而成为推动工作和学习的动力，把工作和学习引向深入。

兴趣是影响知觉的首要因素。人们通常把自己感兴趣的事物作为知觉对象，而把那些与自己兴趣无关的事物作为背景。

旅客也是一样，第一次乘坐飞机的旅客，其兴趣往往在于飞行过程中的所见所闻和机窗外的景物，对于服务质量、配餐的好坏，因为没有比较，所以并不在意。但对于多次乘坐飞机的旅客，他（她）们更看重服务质量和航班的正点率。

总之，兴趣影响着知觉者知觉的内容、知觉的程度，以及留下什么样的知觉印象。

2. 动机

动机是激励人们进行某种活动，以达到一定目的的内在原因或内部动力。人的任何有目的的活动都是在动机的驱动下进行的。例如，喝水是为了缓解口渴，学习是为了适应工作和生活的要求，锻炼是为了使身体健康等。动机作为一种内部动力，是通过外在的行为反映出来的。例如，通过对任务的选择，可以判断个体行为动机的方向；通过努力程度和坚持性，可以判断个体动机的强度等。

动机作为推动人进行活动的动力，对人的活动有如下作用：①推动作用，即动机能促使个体产生某种行为，是行为的原动力；②指向作用，即动机能使个体的行为指向某一目标，使个体朝着预定的方向前进；③维持和调节作用，即动机能使个体的行为维持一定的时间，并对个体行为的强度、方向和时间予以调节。

1）动机形成的条件

动机的形成必须具备两个条件：内在条件（需要）和外在条件（诱因）。

(1) 内在条件。形成动机的内在条件就是需要。需要，是指人对客观事物在大脑中的反映。它是人在体验到某种缺乏时产生的主观状态，是个体活动积极性的源泉。

动机是在需要的基础上产生的。当个体感到有某种缺乏时，就会产生相应的需要。一旦有了需要，个体就想方设法去满足它。但需要产生之后，并不一定就立即成为推动人们进行某种活动的动机。只有当需要的强度达到一定的水平时，才有可能转化为动机。

萌芽状态的需要能够使个体产生不安之感，但由于它的强度较弱，此时还不能使人明确意识到。随着需要强度的加大，达到甚至超过人的意识阈限时，个体才会明确知道是什么使其感到不安，并意识到满足这种需要的手段和事物是什么。实质上，此时产生的只是一种愿望，还没有真正形成动机。

(2) 外在条件。人有了明确的需要和满足需要的手段，还不等于就能为满足需要而采取行动。只有与需要相适应的刺激出现时，人才会形成活动动机。形成动机的外在条件就是能满足个体需要的外在刺激，我们往往称之为诱因或目标。有了诱因，人才能趋向或获得它，而满足其需要的刺激物为正诱因；能使人逃离或回避它，而满足其需要的刺激物为负诱因。例如，对于饥饿的人来说，食物是正诱因；电击对人和动物来说，是负诱因。

诱因可以是物质的东西，也可以是精神的东西，如教师对学生的表扬，就是一种促使学生学习的诱因。

总之，只有个体的内部需要和外部满足需要的目标（即诱因）联系起来，并推动人去行动时，才能形成活动的动机。

2）动机的分类

（1）内部动机和外部动机。这是根据在动机产生过程中需要和诱因哪个起主要作用而对动机进行的分类。

内部动机是指主要由个体的内在心理因素转化而来的动机。好奇心、兴趣、上进心、义务感等心理因素，在一定条件下都可以转化成为推动人们进行学习、工作的内部动机。

外部动机是指主要由外部条件（即诱因）诱发而来的动机。例如，作为一名空中乘务人员，单位领导的奖惩、旅客的表扬、"优秀乘务员"的荣誉称号等都可能成为促使一名乘务人员认真工作的外部条件。

一般说来，内部动机的推动力量较大，维持的时间也较长。由内部动机所引发的活动本身可以使人们得到某种满足（如丰富知识、增长才干、尽责后的心安等），而且活动本身就是对活动者的一种奖励，无须外力的推动；外部动机的推动力量较小，持续作用的时间也较短。外在条件一旦"消失"，由外在条件激发的动机也会很快失去作用。

（2）近景动机和远景动机。近景动机与具体活动相联系，持续作用的时间比较短，如有的民航服务人员为了提高服务质量而进修培训，为了能够与国外旅客更好地交流，而努力学习英语等。这种动机很具体，效果比较明显，但不够稳定，易随环境的变化而变化。

远景动机常常与活动的社会意义相联系，持续作用的时间比较长，如进修培训是为了个人事业和民航事业都能更好地发展等。这种动机具有一定的社会性和理智色彩，又与个人的志向、理想、世界观相联系，因此具有较强的稳定性和持久性，能在相当长的时间内起作用。

上述两种动机是相互联系、相互补充的。只有两者密切结合，才能形成巨大的推动力。

近景动机易受偶然因素的干扰，因此应有远景动机的支持，使活动更自觉，并保持长时间的活动积极性；而远景动机的目标则比较长远和抽象，尤其对于刚进入民航单位工作的新员工来说，"将来"是一个比较漫长的时间概念，因此也应有近景动机的补充，使远景动机更好地与当前的具体活动结合起来。

（3）交往动机。交往动机是指一个人与他人接近、合作、互惠，并发展友谊的内在动力。

交往动机包括愿意和别人在一起而不愿意独处；喜欢与合得来的人相处；愿意别人把自己接纳为家庭、集体和其他社会团体的成员，而不愿意被抛弃等。

交往动机在民航服务工作中则表现为：旅客愿意与他所喜欢的、服务态度端正、热情、和善的民航服务人员交流，而不愿意与服务质量低、态度不端正的民航服务人员进行交流。交往动机对民航服务人员服务工作的开展有着重要的影响。一个相关的心理研究发现：交往动机水平高的服务人员的顾客满意度要高于交往动机水平低的服务人员的顾客满意度。研究还发现：在民航服务人员普遍热爱本职工作、对旅客热情友好、注重发挥每位民航服务人员主动性的乘务组中，交往动机水平高的民航服务人员占多数；反之，在民航服务人员对旅客冷淡、缺乏热情友好的态度的乘务组中，交往动机水平低的民航服务人员占多数。

3）动机对知觉的影响

凡是能满足人的需要、符合人的动机的事情，往往会成为知觉的对象、关注的中心；反之，与人的需要和动机无关的事情，往往不被人注意。心理学家给饥饱程度不同的受试者辨认一张看不出任何图形的画，结果：饥饿受试者辨认出那张图画是食品的概率高达40%左右；远远高出非饥饿受试者辨认出那张图画是食品的概率（10%左右），这就是需要对认知的影响。一般情况下，只有那些能够满足需要、符合动机的事物，才能引起知觉者的注意，从而被清晰地感知。

同一个航班，可以同时接纳各种类型的旅客，如商务型旅客、度假型旅客等。由于各种类型的旅客有不同的需要和动机。所以，他们对于航班服务感知的范围、具体的对象，以及最终的整体知觉印象是多种多样的。例如，商务型旅客更看重航班的正点率；而度假型游客，更希望能享受到高品质的服务。

此外，有些事物本来不是知觉对象，但当它们的刺激强度达到足以干扰知觉者的需要和动机所指向的目标时，知觉者也会转移注意，把它们纳入知觉范围。例如，各国道路通畅状况，各地大同小异的旅游车，通常不会引人注目。但当知觉者外出旅游，因为塞车问题而耽误行程时，这些知觉对象就又会进入知觉者的知觉中。

4）形成民航服务人员服务动机的途径和方法

（1）适当地开展服务工作竞赛活动。美国心理学家梅恩等人对竞赛的作用进行了研究，结果表明：竞赛组的成绩优于非竞赛组的成绩；个人竞赛的成绩优于团体竞赛的成绩。可见，开展竞赛对形成工作动机和提高服务质量可以起到一定的积极作用。

民航服务工作中的竞赛有多种方式，如团体竞赛、个人竞赛、对照过去与现在的自我竞赛等。

不同的竞赛方式对更好地做好服务工作的动机的形成都有或多或少的积极作用，但若运用不当，也会产生某些消极影响。因为，既然是竞赛，人们必然会产生某种竞争心理，以赢了对方为目的，这样容易影响民航服务人员之间的合作与互相帮助，甚至会滋长个人名利意识。竞赛的结果总是少数人获得名次，而多数人成为"失败者"，且获胜者会得到鼓励，"失败者"则会焦虑不安，并要承受一定的心理压力。

因此，相关人员组织服务工作竞赛活动时应注意：加强思想政治教育，使大家能正确对待竞赛；竞赛的形式要适宜，避免过强的竞争性；竞赛的次数要适当，不宜过于频繁进行；分层次进行竞赛，使不同能力和水平的民航服务人员都有获胜的机会。

（2）充分利用旅客反馈。旅客对民航服务工作质量的反馈，就是将对服务的满意度及相关信息提供给民航服务人员。许多试验研究表明：来自服务结果的反馈信息，不仅对服务人员的服务活动方式的改进具有调节功能，而且对民航服务工作人员的工作动机也常常具有激励的作用。这是因为，得到自己服务结果的反馈，一方面能使民航服务人员看到自己的进步，享受成功的喜悦，从而使其端正、热情的工作的态度得到了及时的强化，使其拥有进一步更好地为旅客服务的愿望；另一方面又使民航服务人员能看到自己的缺点和不足，激发其克服缺点和不足的信心与决心，并较快地加以改进。

为了充分发挥旅客对服务工作反馈的促进作用，各级领导还应对下属单位、本单位及本组工作人员的服务结果进一步做出评价。领导的正确评价反映了上级对其工作人员的期望，它能激发工作人员的上进心，从而使员工产生再接再厉、积极向上的力量。

（3）恰当地运用表扬与批评。表扬与批评是对民航服务人员的服务态度、服务水平肯定与否定的一种强化方式。无论是表扬还是批评，对于促使服务人员加强服务技能、端正服务态度都是有好处的。关于这一点，可以从赫洛克（Hurlock. E. B）的以下试验中得到有力的证明。

赫洛克把106名被试人员分为四个组，让他们练习难度相等的数学题，共练习5天，每天15min。

第一组为受表扬组，每次练习后对成绩好的小组成员加以表扬，对成绩差的小组成员不加批评。

第二组为受训斥组，每次练习后对成绩差的小组成员加以批评，对成绩好的小组成员不加表扬。

第三组为受忽视组，每次练习后，既不给予表扬，也不加以批评，只让其静听其他两组受表扬和挨批评。

第四组为被控制组，把他们安排在与以上三组完全隔绝的地方，不让他们知道这三组的任何情况。试验结果如图2-1所示。

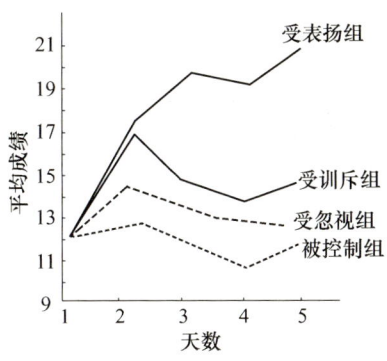

图 2-1　不同诱因的效果

可见，表扬和批评都能起到推动学习的作用，但表扬的作用更明显；经常不断地批评比经常不断地表扬更易失去效果，但批评比忽视要好。这是因为，正确运用表扬与批评，可以提高相关人员的认识水平，激发其上进心、自尊心、荣誉感和集体主义精神等。然而不正确的表扬与批评，则会使员工盲目骄傲，或是灰心失望，或丧失自信心。

（4）引导员工进行正确进行归因。归因是人们对他人或自己的行为进行分析，推断其行为形成的原因的过程。

不同的归因，不仅是对以往活动结果的解释，更重要的是对以后的行为动机和行为的积极性产生影响。

就民航服务工作而言，如果在完成一次旅客满意的服务工作后，工作人员把成功的原因归结为任务简单和个人能力强，会有利于增强相关人员的工作动机，提高其工作的积极性；在旅客对服务不满意，旅客投诉的情况下，如果民航服务人员把旅客不满意的原因归结为个人努力不够，可能提高其学习积极性；如果民航服务人员把旅客不满意的原因归结为任务难、个人能力低，则会降低其学习积极性。

可见，引导服务人员进行正确归因对其工作动机的形成具有重要作用。

3. 经验

人的知识经验直接影响知觉的内容。人们从学习、工作等方面所获得的经验，会在很大程度上影响人们对知觉对象的选择、解释。过去的经验往往使知觉更清晰、更迅速。

在实际生活中，当知觉对象提供的信息不足时，知觉者总是以过去的知识经验来补充当前的知觉。如图 2-2 所示，若只看上面一行，我们会把第二个符号知觉为字母 B，这是因为它的样子像英文字母 B，且它又和其他英文字母在一起，而且按照英文字母习惯上的顺序排列；如只看下面一行，我们自然会把第四个符号知觉为数字 13，这是因为它和其他数字在一起，而且也按着数字大小顺序排列。事实上，这两个位置上的符号在形状上完全相同，而之所以被知觉为不同的内容，完全是由于面对当前的情境唤起不同的经验所致。

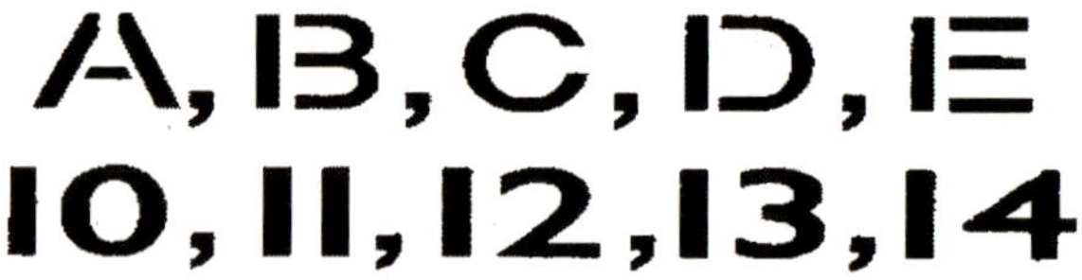

A,B,C,D,E
10,11,12,13,14

图 2-2　知识经验对知觉的影响

有的旅客对某家航空公司的服务很满意，对其形成良好的印象，那么今后再乘坐飞机时，他很可能再次选择该航空公司。原因就在于他对这家航空公司形成了良好的印象，以往的经验促使他成为这家航空公司忠实的旅客。此外，如果有人曾向他介绍、推荐某家航空公司并极力称赞该航空公司的服务，那么这些间接经验就可能影响了他的决定，他出行时就会选择这家航空公司的航班。

4. 个性

个性是指区别于他人的、在不同环境中显现出来的、相对稳定的、影响人的外显和内隐性行为模式的心理特征的总和。

不同人的个性有很大的差异，每个人对事物的看法都自成体系，行为表现也有其独到之处，这是由每个人的具体生活条件和教育条件不同所致。由于人们的个性特征各不相同，每个人的个性心理活动过程及行为表现方式也会千差万别。所以，每个人对同样的事物或信息会产生不同的选择、理解，这也会导致知觉结论的差异。

5. 定势

定势使感知主体以特殊的整合准备反映知觉的对象，使感知者的知觉不自觉地沿着一定的方向进行。如图 2-3 所示，上、下两行图均按自左至右的顺序来看。当你看过上行的图（a）、图（b）、图（c）之后，形成了某种定势，再看图（d）时，你会把它知觉为男子头像；而当你看过下行的图（e）、图（f）、图（g）之后，形成某种定势，再看图（h）时，就会把它知觉为一个盘腿而坐的女子。而实际上，图（d）和图（h）是相同的。

此外，在较长时间内起动力作用的一些心理因素，如需要、动机、价值观、态度等，都能构成人的心理准备状态，对知觉的组织和整合产生一定的影响，而且往往是不自觉地，甚至是无意识地对人的知觉活动产生影响。例如，面对同一个美丽的海湾，画家、摄影家、建筑家、港口设计家、钓者、泳者等的知觉各不相同，因为他们各有不同的需要和动机。

6. 期待

知觉者当时的心理状态，尤其是期待，对知觉也有影响。在知觉过程中常常掺杂着知觉者的期待，这就使人对事物的知觉不像事物本来的面貌，而是像人们所期望的那样。对于同一事物，由于人们的期望不同，往往会得到不同的知觉结果。有人说"人所看到的正是他所想要看到的"，即说明了期望对知觉的影响。

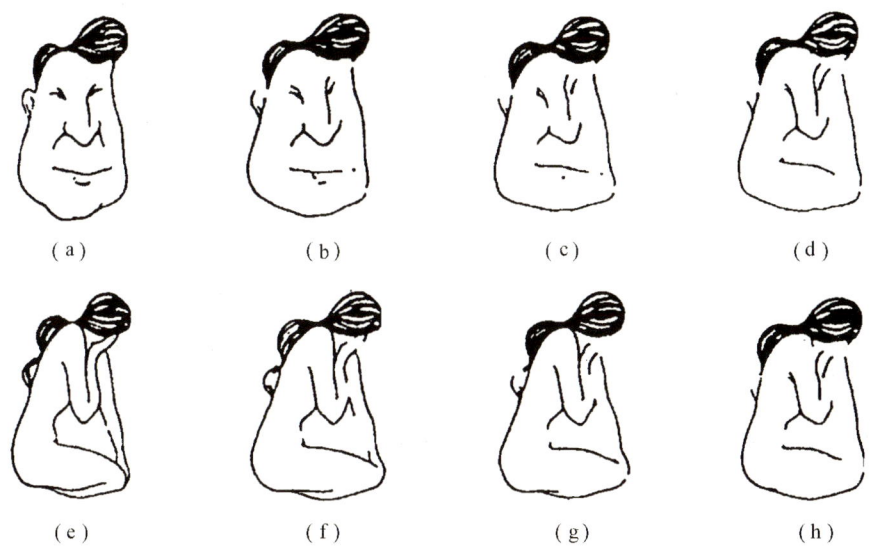

图 2-3 定势对知觉的影响

7. 心理因素

在知觉过程中,知觉者对于知觉对象的知觉,往往还受到其自身心理因素的影响,这种自身心理因素造成的知觉偏差一般有以下几种现象。

1) 从众现象

一则笑话这样说道:二十世纪六七十年代,物资紧缺,某人一日闲逛街头,忽见一长队绵延,赶紧站到队后排队,唯恐错过什么购买紧俏必需品的机会。等到队伍拐过墙角,发现大家原来是在排队上厕所,不禁哑然失笑。这就是人因为从众心理闹出的笑话。

从众现象指个人的观念与行为由于群体的引导或压力,而向与多数人一致的方向变化的现象。用通俗的话说,从众现象就是"随大流"。可以表现为人在临时的特定情境中对占优势的行为方式的采纳,也可以表现为人长期性地对占优势的观念与行为方式的接受。20 世纪 50 年代,阿希做了一个从众心理的经典试验。在这个试验中,只有一个人是真正的被试验者,他面临着来自其他几个人的压力。想象你参加了试验组,任务是对线条的长短进行区分,七个人组成一个小组,大家围坐在桌子旁,你排在第六位。研究者要求每个小组成员报告三条线中哪一条与标准线一样长。你前面的五个人与你期待的回答一样:第二条线与标准线一样长,这个答案不是很明显吗?

但在下一组试验中,尽管答案还是那么明显,但是第一个人给出了错误答案,他说第一条线与标准线一样长。当第二个人给出同样的答案后,你突然会坐直身子,再次检查那线的长度。第三个、第四个、第五个人也给出了同样的错误答案,你开始怀疑到底是你看错了还是他们看错了。当轮到你的时候,你会怎样报告呢?"什么是正确答案,我现在不肯定？"

这就是著名的阿希试验。这个试验告诉我们：我们总是倾向于跟随大多数人的想法或态度，以证明我们并不是孤立的，而是存在于一个群体之中。

你和你的同学们也可以试验一下。放学后，五个人同时抬头看天空，并不停地讨论着什么，不一会儿，相信就有很多好奇的同学像你们一样，抬头看天，虽然他们可能并没有看到什么。

2）光环（晕轮）效应

光环效应又称晕轮效应，指在人际知觉中所形成的以点概面或以偏概全的主观印象。

当你对某个人有好感后，就会很难感觉到他的缺点的存在，就像有一种光环在围绕着他，这种心理就是光环效应。光环效应有一定的负面影响，在这种心理作用下，你很难分辨出好与坏、真与伪，容易被人利用，"爱屋及乌"这一成语说的就是光环效应，成语的意思是说爱一个人而推及与这个人有关的一切。乌鸦在中国文化中本是"不祥之鸟"，但因为爱那个人，连其屋檐上的乌鸦都一起爱上了。有一个寓言生动地描述了光环效应：有一个人丢了一把斧子，怀疑是邻居偷的，于是他留心观察，发现这个邻居的一举一动都像是偷斧子的人。后来那个人在山上砍柴时找到了丢失的斧子，再仔细观察那个邻居，又觉得邻居根本不像偷斧子的人。

光环效应最早是由美国著名心理学家桑戴克于20世纪20年代提出的。他认为：人们对人的认知和判断往往只从局部出发，扩散而得出整体印象，常常以偏概全。一个人如果被标明是好的，他就会被一种积极肯定的光环笼罩，并被赋予一切美好的品质；如果一个人被标明是坏的，他就会被一种消极否定的光环所笼罩，并被认为具有各种坏的品质。

心理学家戴恩做过一个这样的试验：他让被试者看一些照片，照片上的人有的很有魅力，有的毫无魅力，有的有一些魅力。然后让被试者在与魅力无关的特点方面评定这些人。结果表明：被试者对有魅力的人比对无魅力的人赋予更多理想的人格特征，如和蔼、沉着、善良等。

光环效应在航空服务中常造成两方面的偏差：一是"以差盖好"的"扫帚星效应"，即旅客如果对某航空公司的某次服务有了较差的印象后，会觉得其缺点很多，而对其优点视而不见；二是"以好蔽差"的"遮掩效应"，即因为对于某次航空服务很满意，旅客往往倾向于把这种"满意"泛化到其他方面，产生对该航空公司的信任，而忽略了其缺点和不足，因而在以后的购买和选择中，往往倾向于购买该航空公司的产品。

3）首因效应

人与人第一次交往时留下的印象，在对方的头脑中形成并占据着主导地位，这种效应就是首因效应。我们常说的"给人留下一个好印象",一般就是指的第一印象,这里就存在着首因效应的作用。

4)"酸葡萄心理"与"甜柠檬心理"

当遇到挫折时,人们往往会产生一种受挫感,想要消除或减轻心理上的受挫感是一种正常的心理防御方式,较为典型和常有的心理防御方式是"酸葡萄心理"和"甜柠檬心理"。

"酸葡萄心理",就像狐狸吃不到葡萄,只好说葡萄是酸的一样,即丑化得不到的东西。例如,某生考不上大学,就说考上大学不好,修业年限长且花费又高。而"甜柠檬心理",就像狐狸吃不到甜葡萄,只好吃酸柠檬,却说柠檬是甜的,即美化得到的东西。例如,某生考不上大学但考上了中专,就说考上中专更好,修业年限短且花费又低。

这两种心理防御方式的实质是一样的,是一个问题的两个方面,都是因自己的真正需要无法得到满足并产生受挫感时,为了消除或减轻内心不安而编造一些"理由",以此进行自我安慰。

5)投射效应

投射效应是指人在认知时和对他人形成的印象,认为他人也具备与自己相似的特性。俗语"以小人之心度君子之腹"就是指用卑劣的想法去推断正派人的心思。如果用心理学的理论去看待这种现象,就是投射效应的体现。"投射"在心理学中的定义是:个人将自己所不喜欢的或不能接受的,而自己却具有的性格特点、观念、欲望或态度等转移到别人身上,说别人有这种性格或恶念。这其实是一种防御机制。一个人面对自己的缺点会感到不安,如果他相信大家都是这样的,就不会厌烦和不安了。把自己的缺点转移到别人身上,在无意识中就可减轻自己的内疚,并维护了自己的尊严和安全感。在生活中这种情况并不少见,如某人很吝啬,他在人际交往的过程中就很容易把别人的一些行为看作小气,这样关注的目标就转移了,自己也就没有理由自责了。

6)刻板效应

刻板效应,是指人们对于某一类事物产生的一种比较固定的、概括而笼统的看法。"物以类聚,人以群分"就是刻板效应的一种生动写照。

在日常生活中,有些刻板效应与地区、职业、年龄等方面有关。例如,教授常常被认为是白发苍苍、文质彬彬的老人;江南一带的人往往被认为是聪明伶俐、善于随机应变的;北方人则被认为是性情豪爽、胆大正直的……我们在认识和判断他人时,并不是把个体当作孤立的对象来认识,而总是把他看作某一类人中的一员,使得他既有个性又有共性。因而,当我们把人笼统地划为固定、概括的类型来加以认识时,刻板印象就形成了。

刻板印象的积极作用在于它简化了我们的认识过程。因为,当我们知道他人的一些信息时，常根据其所属人群的特征来推测其所具有的其他典型特征。这样虽然不能形成对他人的正确印象，但在一定程度上可以帮助我们简化认识过程。

7）旁观者效应

旁观者效应，指的是个体在单独面对紧急事态的反应和同其他人一起面对紧急事态的反应是不同的。利他行为受到许多环境因素的影响，其中一个影响因素便是"旁观者效应"，即由于有他人在场而产生的对救助行为的抑制作用。是什么阻碍了人们采取行动提供帮助呢？对这种现象的一个解释就是责任扩散。我们说，为了对处于困境中的人提供帮助，个体必须感到自己有责任采取行动。但当有许多人在场时，就造成了责任扩散，即个体不清楚到底谁应该采取行动。帮助人的责任被扩散到每个旁观者身上，这样每一个人都减少了提供帮助的责任，容易出现等待别人提供帮助或互相推诿的情况。第二个解释是举止失措受到别人嘲笑。在任何紧急事态中，为了做出反应，就必须把自己正在做的事情停下来，实施某种不寻常的、没有预料到的、超出常规的行为。在个人单独面对紧急事态时，他可以毫不犹豫地采取行动，但由于其他人的在场，他会比较冷静，观察一下其他人的反应，以免举止失措而受到嘲笑。

2.2.3 影响知觉的客观因素

除了以上提及的主观因素，许多客观因素也同样影响人的知觉过程，这些客观因素包括知觉对象和知觉情景。

1. 知觉对象

人们往往对自己周围世界的某种刺激物的大小、形状、声音、色彩、运动等比较熟悉，当其他一切刺激因素出现时，如果这些刺激因素和人们所预料的差别较大，就容易引起人们的注意而成为知觉的对象。一般来说，响亮的声音、鲜艳的色彩、突出的标记等都会引起人们的注意，使人们清晰地感知这些事物。对于民航旅客来讲，优质、特色的服务往往首先成为他们知觉的对象。例如，世界各国的民航公司，无论是公司航徽、飞行标志，还是民航服务人员的服装，特别是空乘服务人员的服装，都特别注重其美观性、可欣赏性和独特性，其目的是吸引旅客的注意力，给旅客留下深刻的印象。中国民航服务经过多年的发展，不断加快改革步伐，及时调整服务策略，民航服务人员的服装也不断地发生变化。

2. 知觉情境

我们在什么情境下认识和了解人、事、物也很重要，周围的环境因素都会影响着我们的知觉，这些情境因素包括工作环境、社会环境等。例如，某人受到领导的表扬，走到户外，会感觉一切生机勃勃，好似鸟儿在唱歌，花儿在朝他微笑；而某位民航服务人员在非常疲惫的情况下进行客舱服务，旅客的态度也很不客气，民航服务人员很可能就

会认为旅客的某些额外的服务要求是"多事、吹毛求疵、喜欢使唤人"。我们对某个航空公司的评价很高，那么对该航空公司的一线工作人员也会产生或多或少的好感；如果我们对某人没有好感，见到他的朋友也可能感到有点讨厌。

总之，一个人的知觉受到多种因素的共同影响，是主客观因素和内外部因素相互作用、相互影响的结果。由于客观环境错综复杂、千变万化，人的主观因素又各不相同，因此人们的知觉往往不同，即使对于同一事物，不同的人也会产生不同的知觉结果。

思考与讨论

（1）在服务交往过程中，影响旅客知觉的主观因素有哪些？联系实际，谈谈你对此问题的看法。

（2）假如你是一名民航服务人员，需要注意哪些方面，从而给旅客留下一个良好的知觉印象？

2.3 民航服务的社会知觉

学习提示

（1）掌握旅客对航空公司及飞机的知觉。
（2）掌握旅客对机上服务的知觉。

学习内容

2.3.1 旅客对航空公司及飞机的知觉

客运飞机所具有的基本功能从本质上讲是相同的，它们之间的差别难以区分。旅客对客运班机的选择，主要与以下四个因素密切相关：起飞时间、是否按时抵达目的地、中途着陆次数和民航服务人员的态度。

在这四个因素中，时间的价值对旅客来说是非常重要的，这比飞机的类型和娱乐条件更为重要。

第一，现代人重视时间，希望飞机起飞和到达的时间符合自己的需要，以便充分利用时间，顺利完成自己的计划。

第二，旅客希望在最合适的时刻起飞，并按时到达目的地。通常情况下，旅客会选择直达的航班，因为直达航班的起降次数明显少于经停航班的起降次数，这样既可以减少飞行的时间,避免了行程的延误,同时,也降低了飞机发生事故的概率。此外,由于直达飞机的起降次数少,也减少了旅客由于飞机起降而造成的不舒适感。

第三,民航服务人员的态度也相当的重要。相互竞争的航空公司之间除航班时间上的不同外,很难再找出它们的区别。两家航空公司的客机飞往同一个目的地,价格又接近,服务质量就显得格外重要了。在同样安全而便利的航班中,只有那些拥有良好的机上服务的航班才最受欢迎。

第四,旅客对于飞机的类型、驾驶员的技术水平、飞机的新旧及机上休息和娱乐设施等,也是很关心的,因为这些因素与飞行过程的安全与舒适度密切相关。

总之,旅客对客机的知觉印象主要建立在安全与舒适的基础上。

2.3.2 旅客对机上服务的知觉

在航空公司与旅客的服务交往中,虽然旅客享受到的是机场服务、安检服务、候机服务、机上服务等一条龙的服务,但机上服务是所有服务中的重点部分,旅客往往最看重这部分的服务质量,所以机上服务质量往往是各家航空公司比拼的重点。如何做好机上服务,这就需要民航服务人员对旅客对机上服务的知觉有所了解。

心理学的相关理论告诉我们:人的知觉离不开当时所处的环境。在机上服务中,服务环境是否舒适、整洁,都会使旅客产生不同的知觉印象。由于我国的经济迅速发展,人们的生活水平日益提高,旅客对服务环境的要求越来越高,而服务环境的好坏成为旅客评价航空公司的重要因素之一。

1. 旅客对服务环境的知觉

1)机上服务环境的色彩对旅客知觉的影响

颜色是人的视觉对各种可见光波的主观印象。当可见光进入眼睛,被视网膜上的视锥细胞所接受,吸收一部分,同时通过传到大脑皮层的相应区时,使人产生有关各种颜色的知觉。人对颜色的感知,是人的重要心理现象之一,不同的颜色给人带来不同的感受。一般来讲,红色象征吉庆,能使人产生热烈、兴奋、喜庆的感觉;绿色象征长青,象征青春和健美;蓝色使人感到清新、镇定。这些色彩搭配对于服务环境来说很重要,会使旅客形成不同的知觉、拥有不同的心理感受。例如,海南航空公司的航空服务人员的制服就很有特色,以蓝色为主,配以白色的花边,看起来端庄、清爽,受到旅客的一致好评。而2007年两岸过年包机的航班,机上装饰就以喜庆的红色为主,空乘人员的制服也改为具有民族特色的、艳丽的锦缎旗袍。

2)机上服务环境的温度、音量对旅客知觉的影响

在不同的温度下,人会产生不同的知觉,拥有不同的感受。试验证明:室内温度过高,尤其是在夏天,室内闷热会使人注意力分散、动作准确性下降,甚至会使人产生急

躁的情绪等。人们对温度的知觉，会对机上服务工作产生一定的影响。所以，航空服务人员必须注意服务环境温度对旅客知觉的影响。一般来讲，夏季室内温度应该在18℃~24℃，冬季室内温度控制在17℃~22℃最佳，这是人在室内感觉最舒适的温度，有利于调节人的情绪。

此外，服务环境中的声音对于旅客的知觉也有影响。人对声音大小的感受主要取决于声波振动的频率，是人对声波频率刺激的反映。一般来讲，服务环境中广播的声音不宜过大，声音超过140dB时，就会产生一种令人不舒服的触压觉和痛觉。因此，在进行机上服务时，服务人员使用广播时要注意音量的大小。

2. 旅客对机上服务人员的知觉

在日常生活中，一个人要对他人做出反应，取决于那个人对他人的印象，即一个人对他人的知觉印象。知觉印象的好坏，会直接影响一个人对他人的情感。在民航旅客服务工作中，旅客对民航服务人员的反应，主要取决于旅客对民航服务人员的知觉。旅客是通过民航服务人员的外表及行为来推测民航服务人员的心理活动的，这不仅是旅客对某个民航服务人员的知觉，而且也是旅客对整个航空公司知觉的重要内容之一。

旅客对民航服务人员的知觉，主要从以下几个途径中获得。

1) 通过机上服务人员的仪表特征来感知

在机上服务过程中，当旅客同民航服务人员接触时，旅客首先看到的是民航服务人员的仪表，即民航服务人员的服饰、装束与发型等。民航服务人员鲜明的外表特征成为旅客的感知对象，形成旅客对民航服务人员的初步印象。

2) 通过机上服务人员的表情来感知

人类不同的表情，是人们心理活动的外在表现，它是人们知觉他人心理状态的一个客观指标。人类的不同表情，在服务过程中都有所表现，是旅客知觉民航服务人员的一个重要途径。在服务过程中，民航服务人员的面部表情的变化成为旅客知觉的首要对象，成为旅客了解服务人员思想、情感、心理活动的重要线索。此外，民航服务人员在与旅客交往时所运用的音色、语调、语气和节奏等往往都会成为旅客了解民航服务人员情绪、心境、服务态度等心理活动有效的途径，并会给旅客留下深刻的印象。

3) 通过机上服务人员的语言来知觉

语言是人类特有的表达情感的工具，也是同他人直接交往时知觉他人的重要途径。正如我们平时所说的，听其语言便知其人。在机上服务交往过程中，民航服务人员的语言成为旅客知觉服务人员的一个重要途径。旅客通过机上服务人员的语言来知觉民航服务人员的态度，理解民航服务人员所要表达的意思或思想。旅客对民航服务人员的语言知觉，一定程度上比仪表表情的知觉来得更为清晰、明朗。因此，机上服务人员在同旅客交往时，尤其要注意用词的准确性、表达的清晰性，切不可说一些不该说的话，以免招致旅客的投诉，给公司带来不良的影响。

思考与讨论

（1）旅客对客机的知觉印象受到哪些因素的影响？

（2）服务环境如何作用于旅客知觉？

（3）旅客对服务人员的知觉主要从哪几个途径中获得？

知识拓展

在"互联网+服务"的背景下重新定义民航服务（服务篇）

我们提出在"互联网+服务"的背景下重新定义民航服务有两个原因，一是中国民用航空局在全国民航机场工作会议上部署了全力推进新时代机场高质量发展和民航强国建设，其中强调了研究制定四型机场的规则和标准，注重标准体系的总结提炼，尤其提出要全力构建现代化的机场"真情服务"体系。二是由于"互联网+服务"已经成为推动社会发展强有力的新引擎。如今，无论是社会还是企业都离不开互联网，没有互联网，社会无法发展，企业无法生存，人们无法生活。毫不夸张地说，互联网已经深入社会的每一个角落，已经成为我们生活的重要组成部分。这些变化对民航服务来说是个新挑战，需要我们重新思考，即在推进新时代机场高质量发展与互联网背景下民航服务路在何方？笔者认为，需要重新定义民航服务。

一、在"互联网+服务"的背景下重新定义民航服务的必要性

推进新时代机场高质量发展离不开互联网。尤其是互联网的迅速发展，对民航业的冲击，使得民航业的生态环境发生巨大变化，这就需要我们在新形势下重新定义民航服务。

1. 在"互联网+"的背景下民航生态社会环境发生巨大变化，需要重新定义民航服务

互联网对社会发展的冲击是不言而喻的，它颠覆传统的社会发展模式，使得社会发生了巨变，行业壁垒逐步消失，传统产业借助于互联网得以脱胎换骨，形成新的"互联网+产业"，更令人吃惊的是，在"互联网+"的背景下，新型企业更是层出不穷。如今，"互联网+"成为社会发展的新引擎，无论是谁，不拥抱互联网必将被互联网所抛弃。正如著名企业家王石所言：淘汰你的不是互联网，而是你不接受互联网，是你不把互联网当成工具，将其与你的企业结合起来。无疑，互联网的发展带给我们深刻思考：如今，任何企业的生存与发展都离不开互联网。行业外的发展我们不多言了，就民航业自身的发展而言，互联网给民航带来巨大的冲击是不言而喻的。如今民航业正在飞速发展，建设四型机场如火如荼，尤其是智慧机场更是如同雨后春笋，这一切需要我们重新定义民航服务。

2. 在互联网背景下民航服务的对象发生了革命性的变化，需要重新定义民航服务

我们之所以强调民航服务对象发生了革命性的变化，是因为在互联网背景下，它的三个颠覆，即颠覆了人们传统的思维方式、颠覆了人们的生活方式、颠覆了人们的生活习惯，使得"互联"成为人们生活中不可缺少的重要组成部分。作为民航服务的对象也是如此。互联网与手机已经成为旅客生活的必需品，无论是在购票出行之前，还是在整个出行过程中都离不开互联网。更重要的是，互联网改变了旅客的思维方式与消费习惯，旅客不再是满足从 A 点到 B 点位移的消费者，而是有着更多的需要，如各种服务信息的传递、方便快捷、环境舒适舒心等，面对旅客更多的需求，我们需要对民航服务进行重新思考与定义。

3. 服务对象不再是简单的消费者而是积极的参与者

无论我们承认与否，互联网已经把人与人连接起来，其发展速度之快令我们惊叹，以致我们的认知远远跟不上其发展的速度。如今，无论你在地球的哪个角落都可以利用互联网与全世界相连，而且这种连接没有时空的限制。在互联网的普及率方面我国走在世界前列。毫不夸张地说，在中国手持手机"走天下"已经是非常普遍的现象了。由于"互联"彻底改变了以往旅客仅作为消费者的角色出现，尤其是自媒体的迅速发展，使消费者的个性得以充分体现，其参与感特别强烈，旅客不再是简单的消费者角色，而是积极的参与者。他们对服务产品的设计、对服务过程的评价，正在随时随地地进行着。我们不得不惊叹，在"互联网+"时代中一切皆有可能。所以，面对旅客角色的变化，我们迫切需要重新认识我们的服务对象，重新定义民航服务。

4. 旅客的需求不再是简单地从 A 点到 B 点的位移，而是渴望在整个服务过程中拥有良好体验

民航服务高质量的发展是为了让旅客出行过程中有更好的服务体验。在传统的服务过程中我们把满足旅客的位移需求作为服务的宗旨，但在互联网背景下这一服务宗旨已经显得落伍，旅客对民航服务的要求不再是提供简单的位移服务，而是追求更好的服务体验。通俗地说，良好的服务体验是为了满足旅客更高层次的需求。例如，新加坡樟宜机场成为人们体验生活与服务的极好场所，人们到机场购物的舒适与方便暂且不论，机场的梦幻花园、热带丛林、可爱的儿童游戏区与蝴蝶园、新加坡美食、露天游泳观"机景"，还有魔法世界与文化博物馆等，让旅客尽情享受与体验。有些旅客竟然说：巴不得航班延误。樟宜机场的这些创新无疑引领民航服务，从低层面的服务走向更高级的服务体验。中国是世界上民航业发展最快的国家，要成为民航强国，我们的民航服务应该与其发展的速度相匹配，民航服务应该给旅客提供良好的"服务体验"，这就需要相关人员审视以往的服务，重新定义民航服务。

5. 在互联网背景下旅客对个性化的需求比任何时候更强烈

个性化服务成为"互联网+服务"的一个标识，它打破了传统的被动服务模式，民

航服务人员可以将互联网的互联与各种资源结合起来，以充分满足不同用户的个性化需求。纵观社会各行各业，他们已经在"互联网+服务"的基础上把差异化的服务推向更高的台阶，即从差异化服务走向个性化服务，现在又从个性化服务走向私人订制。面对个性化的新台阶，民航服务的个性化改变刻不容缓。在民航服务过程中，虽然我们一直在提倡个性化的服务，但始终没有将其上升到互联网服务的高度来认识。实事求是地说，民航个性化服务都是基于民航服务人员与旅客面对面地接触以后，或根据民航服务人员以往的经验为旅客提供的个性化服务。综上所述，在"互联网+服务"的背景下社会发展的巨变，带来了民航业生态环境的质变，要推动民航服务高质量地发展，我们需要重新定义民航服务。

二、"互联网+服务"背景下的民航服务

互联网最大的特征是"互联"，"互联"打破了传统的时空观念，现在无论何时何地，只要你想联，都可以互联。这一变化对民航服务来说，不仅仅是挑战，更是机遇，即要全力构建现代化的机场"真情服务"体系必须借助于"互联网+服务"。

1. "互联网+服务"背景下的民航服务人员需要改变传统观念

满足旅客需求永远是服务的宗旨。需要指出的是，这种理念必须与时俱进，需要我们改变传统观念和揣摩旅客需求的方式，充分利用大数据分析技术与互联网技术捕捉旅客的需求与变化，把真情服务的落脚点放在旅客的新需求上，要达到这一目标，需要两个观念的前移。

（1）树立用户比客户更重要的理念。

在以往的服务过程中我们的目光始终盯着旅客，这没有错。但在"互联网+服务"背景下市场发生了革命性的变化，用户成为我们首选的目标，没有用户就没有客户，维护用户远远要比维护客户更重要、更有现实意义。这是互联网发展的必然结果，面对这一结果，我们需要审时度势，更需要改变观念，需要尽快树立先有用户才有客户的理念。

（2）树立民航服务措施前移的理念。

构建现代化的机场"真情服务"体系不是一句空话。在"互联网+服务"的背景下，民航服务需要与时俱进，我们应该拥有几个意识，①信息技术要前倾。要充分利用现有的互联网信息技术来挖掘旅客的数据，从数据中来寻找市场、分析旅客的需求，用信息技术引领服务。②服务的流程与措施前移。为了使服务更有针对性，我们在摒弃传统服务观念的同时需要在充分利用数据分析的基础上，把服务的各种规章制度与服务措施前移，即在旅客未到来前制定好各种预案。③信息服务要前移。充分利用大数据分析技术与互联网技术，在旅客未到来前事先提供各种信息服务，开辟各种方便渠道让与旅客享受信息服务，让信息服务成为服务的重要内容。

2. "互联网+服务"颠覆民航传统的服务模式

实现"真情服务"需要科学的服务方式。传统的服务方式是面对面的服务方式，

离开民航服务人员似乎旅客服务也就中止了。但在"互联网+服务"背景下,这种服务模式被颠覆。

服务方式的颠覆。互联网颠覆了人与人之间传统的面对面的交往方式,使得人们相互之间的交往不再受空间和时间的制约,这一革命性的变化改变了民航服务的传统方式。民航服务不再是一对一、面对面的服务。而是充分利用"互联网+服务"为旅客提供服务。在时间方面,民航服务人员可以利用互联网,无时无刻地为旅客提供各种服务信息,方便旅客获取与选择信息;在空间方面,民航服务人员可以突破过去面对面的服务,充分利用互联网与旅客互动并为其提供服务。让旅客有更好的服务体验。例如,有些机场提供的无陪护儿童服务。无陪护儿童可以利用视频与其家长实时进行交流与沟通,这一举措得到了旅客的赞扬。这方面的服务虽然有所进展,但还有进一步发展的空间。

服务内容的颠覆。在互联网+服务的条件下使得民航服务内涵得以科学化,使得民航服务真正做到有温度、有深度。传统的服务内容大多数是根据旅客提出的需求而进行的服务,这种服务应该说是低层次的。当互联网+服务成为民航服务的基石以后,民航服务内容将发生翻天覆地的变化,相关人员能够充分利用大数据分析技术与互联网技术来寻找旅客的需求,使服务内容具有科学性与针对性,真正做到预测旅客的需求,做在旅客到来之前;满足旅客需求,做在旅客开口之前;个性化的服务,做在旅客没有想到之前;人性化的服务,做在旅客喜悦之前。

"互联网+民航服务"外延。由于互联网技术的发展使得民航服务不再是简单的 A 点到 B 点的位移服务,民航服务应该是 360 度的,如旅客的吃住、旅游等都给我们提供了拓展服务的空间,有广度的服务将成为民航服务的又一大特点。

3. "互联网+服务"使得民航服务迈向人性化与个性化的服务殿堂

服务的最高境界是人性化与个性化的统一,人性化与个性化的统一既是服务的最高境界也是服务的殿堂,而"互联网+服务"成为进入与登上服务殿堂的最佳途径。

充分运用民航智慧化服务链,让旅客享受方便、快捷、流畅的服务。

民航智慧化服务是"互联网+服务"的延伸。目前民航业各企业正在紧跟时代步伐推出智慧服务。在"互联网+服务"的背景下,旅客对民航服务的需求突出在两个方面,一个是方便快捷,另一个是系统链接。互联网最大的优势就是方便快捷,民航现在使用的智慧服务之所以受旅客欢迎就是因为其符合互联网的特征与旅客实际的需求,但我们不能仅仅停留在这一技术层面上,应该把它提升到个性化与人性化的高度来认知。民航服务本身就是服务链,服务的每一个环节都是服务产品的重要组成部分。就目前民航智慧服务而言,我们还处在低级阶段,值机、问询、行李、安检、登机口等还没有形成智慧服务链,导致旅客对智慧服务的体验感不强,我们需要及时改进。

智慧化服务对民航服务人员提出了更高的要求。

随着智慧机器的使用,民航业将出现两个趋势。一是,机器淘汰人。以前在服务过程中出现的某些问题可能是无法解决的，但在智慧化条件下就能够解决了。例如，旅客的身份证丢失，登机口错乘等都不是问题了。未来民航服务发展的趋势必将是机器代替人！凡是机器能够代替人的岗位全部由机器代替。二是，对民航服务人员的综合素质要求越来越高，技术与专业被边缘化。

真情服务是有温度的。借助"互联网+服务"，人性化与个性化不再是一句口号，而是有了真实的内涵，我们的真情服务建立在互联网与大数据分析技术的基础上，根据旅客的需求与偏好为其提供的个性化服务，可以使旅客拥有良好的服务体验。民航服务人员可以充分利用"互联网+服务"把个性化服务做到极致。综上所述，在全力推进新时代机场高质量发展和民航强国建设与"互联网+服务"的背景下，我们需要重新定义民航服务，这不仅有利于推动民航业的进一步发展，而且也有利于民航服务走上更高的台阶。

第3章 民航服务与情绪、情感和意志

本章导读

民航服务就是全心全意为旅客服务，要做好旅客服务工作，首要的任务是了解旅客和自身的一般心理过程，即情绪与情感过程、意志过程等。通过学习调节情绪、压力管理、培养意志品质的方法，增强了民航服务人员的服务意识和服务能力，从而使民航服务工作的质量得到提升。

案例导入

满意的老大娘

在飞机客舱里，一位老大娘坐在靠走道的座位上，不时地把目光投向两边的窗口，见民航服务人员从她身边走过时总是望着但欲言又止，有位民航服务人员将这一切看在眼里、记在心里。等空中服务告一段落后，这位民航服务人员主动询问老大娘有没有什么事情需要帮助。原来这位老大娘是平生第一次坐飞机，也是第一次处在这么高的位置，总想看看飞机外面到底是什么样子，然而自己的座位不靠窗口。她听说飞机上的座位是按座位号就座的，自己又不敢动，眼看着时间一分一分地过去了，因此十分焦急。民航服务人员听说后，在有限的条件下对老大娘的座位进行了调整，让她靠近窗口，并且利用服务的空隙，给她讲解哪里是长江，哪里是武汉长江大桥等。老大娘望着身下如絮的白云，头上蔚蓝的天空，看到茫茫大地上巍巍的群山、如带的河流，不时发出孩子般的笑声，一直等到飞机落地了还意犹未尽。临下飞机时，老大娘对这位民航服务人员说："姑娘，这次旅行能坐上你服务的飞机，真是有缘！"

（资料来源：顾胜勤. 民航旅客服务心理学. 北京：北京理工大学出版社，2005）

3.1 情绪、情感与民航服务

学习提示

（1）了解情绪与情感的概念。
（2）掌握情绪管理的方法，提升民航服务质量，能够妥善处理旅客和自己的情绪。
（3）知晓民航服务人员的压力源及应对方式，强化个体抗压能力。

学习内容

3.1.1 情绪与情感的概述

1. 情绪与情感的概念

情绪与情感是人对客观事物所持态度的体验，是人脑对客观世界一种特殊的反应形式，是人类行为中最复杂、最重要的一面。人的情绪和情感是任何动物或高智能的计算机都不能替代的。试想，若是一个人没有情绪和情感，这个丰富多彩的世界，对他将毫无意义，无所谓悲伤忧愁，无所谓幸福快乐，不需要友谊的慰藉，也体验不到亲情的温暖。就本质而言，情绪和情感为客观事物的刺激所引起，是一种主观体验过程，受态度支配，并受需要制约。

2. 情绪与情感的关系

情绪与情感是十分复杂的心理现象，它们是从不同角度来揭示人的心理体验的概念。我们要对二者做出严格的区分是困难的，只能从不同的侧面对它们加以说明，如表3-1所示。

表3-1 情绪与情感的区别

	情　绪	情　感
需要	生理的、天然的、低级的	社会的、后天的、高级的
对象	人与动物都有	人独有
反应	情境性、不稳定性	情境性、稳定性、持久性

情绪通常是指由个体的天然需要是否得到满足而产生的心理体验，是天然的、低级的，是与生理需要相联系的心理体验，带有情景性和不稳定性。

情感是人在历史发展中所产生的与社会需要相联系的心理体验，是后天的、高级的，具有情景性、稳定性和持久性。

情绪与情感的关系。情绪与情感总是相互依存、不可分割的。情感离不开情绪，稳定的情感是在情绪的基础上形成的，同时又通过情绪反应得以表达，离开情绪的情感是不存在的。情绪的变化往往反映情感的深度，在情绪发生的过程中，常常包含着情感的变化。情绪是情感的外在表现，情感是情绪的基本内容；情感是一种深刻持久的情绪，它反映着人们的社会关系和社会状况，并对人的社会行为起着积极的和消极的作用。在民航旅客服务过程中，民航服务人员感受最多的是旅客的情绪。

3. 情绪和情感的两极性

把多种多样的情绪和情感的表现形式分为最基本的两类，就是情绪和情感的两极性。情绪和情感的两极性主要体现在以下几个方面。

1）肯定的与否定的

当旅客对航空售票员的售票速度和行为认同时，就感到满意，面带笑容；但当旅客认为售票员售票的态度不友好时，就会感到不高兴或愤怒。两极的情绪和情感不是绝对相互排斥的，也会在一定条件下互相转化。

2）积极的与消极的

积极的情绪，如愉快、热情等能够增强人的活动能力，促使人积极地行动。消极的情绪，如烦闷、不满等能降低人的活动能力。如果民航旅客服务人员的服务态度符合旅客的要求，旅客就感到愉快。在有些情况下，同一情绪可以既有积极的性质又有消极的性质，如在危险情境下产生的恐惧情绪，既会抑制人的行动，又可以驱使人动员自己同危险情境做斗争。

3）紧张的与轻松的

紧张和轻松一般与人所处的情境、面对的任务、对个人需要的影响等相关。当人所处的情境直接影响到个人重大需要的满足，以及有重大任务需要完成时，人们的情绪就会紧张起来；相反，则会比较轻松。一般来说，紧张的情绪与人的活动的积极状态相关。民航服务人员在完成服务活动时，需要激起一定紧张度的情绪，否则，其情绪是无法适应任务和活动的要求的。但过度的紧张情绪也会造成民航服务人员的心理活动受到干扰并产生行为失调。

4）激动的与平静的

激动的情绪的内在是强烈的、短暂的，爆发式的心理体验，如激愤、狂喜、绝望。生活中发生的重大事件，与对立面的冲突、失恋、受到侮辱、突然的危险等都会引发人激动的情绪。与激动的情绪相对的是平静的情绪。人们在大多数情况下都是处在平静的状态中的。

5）强的与弱的

许多情绪都有由强到弱的等级变化，如从微弱的不安到强烈的激动、从愉快到狂喜、从担心到恐惧等。情绪的强度越大，人被情绪影响的程度越深。情绪的强度取决于事件和活动对人的意义的大小，以及人的既定目的和动机是否能够实现。

每一对相对的情绪之间，都存在强度不同的中间情绪状态，如非常满意与非常不满意之间有很满意、满意、不满意、很不满意等。人们在某时某地的情绪和情感总是处于两极之间的某一位置。

两极性的情绪和情感是相对的，没有爱就无所谓恨，没有快乐就无所谓悲伤，没有紧张就无所谓放松。因而，所有情绪和情感的两极性都是相互联系的，并可以在一定条件下相互转化。

4. 情绪和情感的功能

正常的情绪反应有助于人适应环境，良好的情感生活有益于身心健康。情绪和情感的功能表现在以下几个方面。

1）适应环境

如呼吸加速，是要增进体内的氧化作用；心跳加快、血压升高，是促进血液循环，加强输送作用；部分动作受到抑制，是要节约能量等。这时人就会产生较大的力量，去抵抗敌人或逃避危险。人正是有了这样灵敏的机制，才能更好地适应复杂的环境。

2）信号功能

情绪和情感是人的思想意识的自然流露。例如，在彼此言语不通的情况下，凭借表情，彼此也可以相互了解。微笑、可爱的面部表情可以给人带来愉快的感受，而焦虑、恼怒的面部表情则带来的是不愉快的感受，如民航服务人员发自内心的微笑就会使旅客感到愉快。

3）感染功能

人的情绪和情感具有感染力。人们之间感情的沟通正是由于情感、情绪的易感性，才能以情动情。文学、艺术、电影、电视、戏剧、歌曲和音乐等无不是以情感人。例如，一名旅客在飞机遇到强气流时的恐惧情绪可影响其他旅客的情绪，这就是情绪感染性的一个表现。

4）调节功能

情绪和情感能在很大程度上调节一个人的行为活动。当然，情绪和情感也由大脑控制，受一个人的世界观所支配。思想水平高的人，就不该完全为情绪和情感所左右，感情用事。当紧张或应付突发事件时，有的旅客能够自我调节和控制情绪，但有的旅客会表现出惊慌等应激状态，这时这类旅客非常需要民航服务人员的帮助和安慰。

5. 影响旅客情绪和情感的因素

影响旅客情绪和情感的因素主要有以下两个方面。

1）主观因素

旅客以下三个方面的需要是否能得到满足？①安全需要。安全需要是旅客最迫切的需要，人对安全的需要仅次于人的生理需要。每个人都希望能平平安安、快快乐乐地度过飞机上的时间，此时旅途平安对于旅客来说尤为重要；②快捷的心理需求。例如，增加网络购票、手机购票等购票方式，加大票务、天气、路况等出行信息的发布力度，尽量为旅客提供便利；③准时的需要。由于旅客外出有一定的计划性，所以时间对旅客来说显得格外重要。

2）客观因素

旅客对航空公司所提供的服务是不是感到满意，地理位置和天气的变化会使旅客产生情绪变化，有些旅客的身体状况也是一个重要的因素，身体欠佳或精神不济较容易使旅客产生不良情绪。这时，民航服务人员若不能及时地察觉到旅客的情绪发生了什么样的变化，就会导致旅客对服务的不满。

6. 情绪和情感的分类

为了便于理解和把握情绪和情感的内涵，根据情绪和情感的性质、状态及其内容，可以做出如下三种不同的分类。

1）根据情绪和情感的性质进行分类

（1）快乐。快乐是一种在追求并达到所盼望的目的时所产生的情绪体验。快乐的程度取决于愿望的满足程度和满足的意外程度。

（2）愤怒。愤怒是由于妨碍目的达成而造成紧张积累所产生的情绪体验。愤怒的程度取决于对妨碍达到目标的对象的意识程度。愤怒从弱到强的变化是：轻微不满—愠怒—愤怒—暴怒。

（3）恐惧。恐惧是人企图摆脱危险情境时产生的情绪体验，如心惊胆战。引起恐惧情绪的原因主要是人缺乏应对危险情境的经验或能力。

（4）悲哀。悲哀是人在追求某种满足的过程中，感到目标无法实现，或某种已满足的需求被剥夺后产生的情绪体验。悲哀的程度取决于所失去的对象和破灭的愿望对个人或社会的价值的大小。悲哀按程度的差异表现为：失望—遗憾—难过—悲伤。

（5）喜爱。喜爱是指对象满足了需要而产生的情绪体验。喜爱表现为接近、参与、欣赏或获得。事物、活动、艺术品和人，都可以是人们所喜爱的对象，引发人们喜爱的情绪体验。

2）根据情绪和情感发生的强度、速度、持续时间等进行分类

（1）心境。心境是一种强度微弱、持续时间较长，且具有弥散性的常见的情绪状态，它并不在事后立刻消失，而是会持续一段时间。它成为人们内心世界的背景，每时每刻发生的心理事件都受这一情绪背景的影响，使之产生与这一心境相关的色调。例如，一个人在愉快的心境中，仿佛一切都是好的印象，看什么都那么顺眼，对一切都感到开心快乐；而处在不愉快的心境中的人，仿佛一切都是不好的印象，感到心情不佳。心境的特点是不具有特定的对象，即不是关于某一事物的特定的体验，它是具有弥散性

的情绪状态。所以，心境对人的作用有积极的一面，也有消极的一面。良好的心境可使人精神振奋，提高效率，对未来充满信心，有益身心健康；不良的心境使人意志消沉，影响事业的发展，容易使人失去信心，有损身心健康。

心境的产生是有原因的，其原因也是多种多样的。个人生活中的重大事件、事业的成败、工作的顺利与否、与周围人的关系等都能使人产生某种心境。此外，身体的健康程度、自我感觉及气候的变化等，也可能成为某种心境产生的原因。

（2）热情。热情是一种强有力的、稳定而深刻的情感。热情的人情绪饱满，生活丰富，动作迅速，学习和工作的效率高。巴甫洛夫指出："科学是需要人的高度紧张性和很大的热情的"。因此，热情是一种对学习和工作具有巨大推动力的健康情感。

（3）激情。激情是一种爆发强烈，而持续时间短暂的情绪状态。激情状态往往伴随着生理变化和明显的外部行为表现。人产生激情时伴有明显的外部表现，如手舞足蹈等。激情发生时机体内部也会出现显著的生理变化，如呼吸加快、血压升高等。与心境相比，激情在强度上更大，但维持的时间一般较短暂。

激情具有爆发性和冲动性，同时伴随着明显的生理变化和行为表现。当激情到来的时候，大量心理能量在短时间内积聚而出，如疾风骤雨，使得当事人失去了对自己行为的控制力。一些青少年犯罪，就是在激情的控制下，一时冲动而酿成大错。但这些激情在宣泄之后，人又会很快平息下来，甚至出现精力衰竭的状态。

激情对人的影响有有利的一面，也有不利的一面：一方面，激情可以激发机体内在的心理能量，成为个体行动的巨大动力，如在战场上冲锋陷阵，奋不顾身；作家在创作中，忘我地工作；参加奥运会的运动员在激情感染下，敢于拼搏，勇夺金牌；但另一方面，激情也有很大的危害性。激情中的人有时任性而为，不计后果，对人对己都会产生不利的影响。

激情有时还会引起强烈的生理变化，如在比赛中看到本国运动员失利，一些人行为失调，情绪激动，出口伤人甚至出现攻击性行为。这是因为人的大脑皮层相应部位引起强烈的兴奋所致。激情有时是由具有重大意义的强烈刺激引起的，这种刺激的出现及出现的时间往往出人意料。所以，在生活中我们应该适当地控制激情，多发挥其积极作用。

（4）应激。应激是人在突然出现的异常紧急情况下所产生的情绪状态。例如，在日常生活中突然遇到火灾、地震。又如地震中有些失去亲人的灾区群众在应激状态下会出现行为失调、不知所措、表情呆板、记忆力和反应能力下降。人在应激状态下常伴随明显的生理变化，主要是受到过去经验、性格、价值观等因素的影响。这些突发事件常常使人们高度紧张，并产生相应的反应，这都是应激的表现。这是因为个体在意外刺激作用下必须调动体内全部的能量以应付紧急事件和重大变故。

应激同样有有利的一面，也有不利的一面，其生理反应大致相同，但外部表现可能有很大差异。有些人在应激情况下会产生积极，如注意力更加集中，工作效率提高，勇于克服困难、坚持到底；有些人在应激情况下会产生消极表现，如行为退缩、半途而废，或者产生危险的行为，并加剧事态的严重性。

这两种截然不同的行为表现与个人的应对方式有关，也与平时教育和经验积累有关。

3.1.2 情绪管理策略

1. 保持良好的心境

干一行，爱一行，工作起来才会有热情，而服务热情对民航服务人员来说是必需的，这样旅客在与自己的交往中才会感到轻松、亲切。民航服务人员不应该把自己的烦恼带到工作中来。著名导演斯坦尼斯拉夫斯基曾经说过："演员一走进化妆室，就应该像脱掉自己的大衣一样，把个人的忧愁烦恼全都抛在一边"。民航服务人员在进入自己的角色时，也应该这样。

2. 调节好个人情绪

良好的情绪反应是民航服务人员服务质量的重要标志，只有自己快乐才能让旅客感到快乐，情绪可以传染的。调节好个人的情绪，具体方法有：①要正视自己的情绪，保持冷静；②转移自己的情绪，学会倾诉和自嘲；③记日记、运动、听音乐等。

3. 掌握旅客的情绪

及时了解旅客的情绪，并及时地对其情绪状态进行分析，前提条件是要知道旅客的情绪状态发生了什么样的变化。民航服务人员要及时地察觉到旅客情绪发生变化的原因，考虑这种变化会对周围的人产生什么样的影响，并保持微笑服务，对旅客提出的问题耐心解答。

4. 了解旅客的需要

需要是人的情绪产生和变化的基础，旅客的需要得到了满足，旅客就会产生肯定和积极的情绪。有的旅客是出于旅行时间的需要，有的旅客是出于对民航服务的需要，有的旅客是出于身份和地位的需要，这就需要民航服务人员在服务过程中把握旅客的不同需要，使旅客对民航服务产生满意的情绪。

5. 提供个性化服务

随着人们对民航服务的要求越来越高，民航服务无论在硬件、软件方面都要体现个性化、人性化。

3.1.3 压力概述

1. 压力的概念

压力是指作用于物体的力。心理压力又叫精神压力，是指个体在面临难以适应的外在环境要求或威胁时产生的心理体验，是人们的需求和满足需求的能力之间存在不平衡时所产生的一种生理和心理上的反应。

压力有正向压力和负向压力之分，过高或过低的压力水平对个体都是不利的。人在面对重大持续性的压力时会出现一系列的反应，包括相互连续的三个阶段：警觉阶段、抵抗阶段、衰竭阶段。理顺这三个阶段有助于我们进一步认识民航服务人员的职业压力的反应过程。

1) 警觉阶段

警觉反应是人动员身体的防御系统来恢复体内的平衡。身体自动激活生理资源以保护自身，抵御知觉到的紧张性刺激。压力的积极意义就在于使有机体系统能做好应对变化的准备。

2) 抵抗阶段

在抵抗阶段中，身体资源会被调动起来，以应付压力。人会通过实际行动去尝试解决问题，这些"实际行动"有积极的，也有消极的，如"逃避""攻击"等。在抵抗阶段，人究竟是积极解决问题还是逃避困难，与个人的性格特点有密切关系。

3) 衰竭阶段

如果人继续处于压力之下，就会进入一般性适应症状的第三阶段——衰竭阶段。身体长期处于抵抗外来压力或威胁的阶段，是一种紧张和消耗体能的过程，时间久了就会导致身体构造和功能的损害，如果发展成为病态，则可能导致机体极端衰竭，甚至死亡。

2. 民航服务人员的压力源

导致压力的原因也称"压力源"。产生压力的原因是个体感知到的，并且经过自身的认知评价，认为对机体有威胁，同时引起机体的压力反应的事物或环境。民航服务人员的职业压力源可以归纳为以下几个方面。

1) 工作环境

飞机的机舱虽然经过了精心的设计，但仍然避免不了较强的宇宙射线的侵袭，同时空气混浊、氧气含量低、噪声明显、颠簸强烈。在这样一个特殊的环境中工作，民航服务人员所受到的健康危害要比在其他环境中受到的伤害大得多。此外，民航服务人员在地面服务工作中会面对种种特殊的情景和各种心理状态的旅客，在处理问题的过程中也可能遭受委屈。

2) 工作时间太长

在竞争日益激烈的民航企业中，很多岗位上的工作人员的工作时间是比较长的，有的岗位是因为工作人员少，有的工作岗位是因为工作量大。但无论如何，长期的超时工作会给民航服务人员带来越来越大的工作和精神压力。

3）夜班时间较长

民航工作的行业特点决定了夜班时间较长。这直接会影响很多民航服务人员的睡眠时间，有的岗位是实施24小时值班，这使民航服务人员的睡眠质量受到很大的影响，容易造成起居不规律，个别民航服务人员会出现生物钟紊乱的情况。

4）服务评价

服务评价一直就是评价民航服务人员职业效能的必然尺度。虽然影响评价的变量是多方面的，可社会评价却会将全部责任归于民航服务人员，这就导致了民航服务人员工作负荷重、压力大。

5）民航企业和社会

目前，民航业的竞争越来越激烈，企业的压力也会通过各种方式为民航服务人员所感受到。随着内部各种竞争的出现，如评优、晋级、学习情况的评比等，民航服务人员之间要做到相互肯定、正确地评价和积极地支持。再加之部分领导武断的领导方式、不公正的处事方法，更使内部的关系更加紧张，从而使民航服务人员产生压力。

6）安全因素

飞行员、空中交通管制员、机务人员、空中警察、安检人员、空中乘务员、地面服务人员等承担来自工作上的压力，如果其不能正确地管理压力，有时会威胁航空安全。

7）其他

个性差异认知、家庭会给民航服务人员带来一定程度上的工作压力，如胆汁质性格的人常感到更多的压力。在认知方面，如果认为自己从事"低三下四"的工作时，也会感受到比较大的压力。在家庭方面，由于民航服务人员常年在外，不能与家人在一起，老人、配偶、孩子得不到照顾，时间长了就会引起家人的不满，也会给民航服务人员带来一定的压力。

3. 压力对民航服务人员的负面影响

民航服务人员的职业压力，是指民航服务人员由于工作问题而产生的一种消极的紧张情绪。

民航服务人员的压力是从事民航服务人员职业的人因其职业所赋予的要求而产生的不仅限于情境的压力。民航服务人员的压力会波及民航服务人员的心理、生理等各个方面，不仅影响民航服务人员的工作行为，而且还影响民航服务人员的生活幸福感，从而影响民航服务人员的职业兴趣、职业态度和职业行为，进一步影响民航服务人员服务的效果与质量，还不可避免地会对社会造成直接或间接的负面影响。

以下是过度的心理压力对人们造成的影响。

1）对生理的影响。

压力过大会使免疫功能紊乱，长期压力过大会使人出现心身疾病，具体的身体表现有：头晕目眩、心悸、心跳加速、四肢冰冷、肌肉和骨骼疼痛、吞咽困难、口干舌燥、胃痛和反胃、肠胃绞痛、便秘、腹泻、冒冷汗、窒息、呼吸急促和气喘。

长期压力过大，人在心理方面的反应有：经常后悔，易怒、烦躁、悲观，难以控制自己的情绪，注意力不集中，集中精力的能力越来越差等。

即便是最常见的感冒和皮疹有时都和一个人经历长时间的或严重的压力有关。

2）对心理及行为的影响

在压力过大的情况下人会出现焦虑不安、情绪低落、愤怒及激动等各种反应。

（1）焦虑。这是最普遍的一种心理反应，是一种预期会出现不良后果的复杂的情绪状态，包含恐惧、担心。焦虑有积极的一面，它能充分挖掘人的潜能，调动人的主观能动性；但也有不利的一面，会使人感到绝望、心灰意冷、思考能力下降，目光短浅，决定草率。

（2）恐惧。这是一种人预期将受到伤害或威胁生命健康的情绪反应。人能感受到自己处于危险境地，但无法摆脱这种处境，因此产生恐惧的情绪，这是一种保护性反应。强烈而持久的恐惧，会使人脸色苍白，浑身无力。

（3）愤怒。自尊心受到打击，为排除阻碍或恢复自尊，常可激起愤怒情绪。愤怒的心理过程由不满到大怒，体内会发生剧烈变化，如果不加劝阻，多伴随攻击性行为。怒火中烧的人可能会丧失理智、伤人毁物，甚至导致严重的后果。

3.1.4 应对压力的方式

1. 压力应对原理

正向压力会给人带来促进活力的有利刺激；而负向压力则会给人的身体健康带来不利的影响。判断压力是正向的还是负向的，主要看这种压力是否影响了民航服务人员的活力。压力对民航服务人员的事业成就是促进还是阻碍？压力是否影响了民航服务人员的身心健康。如果压力激发了民航服务人员的活力、促进了民航服务人员事业的发展和身心健康，这种压力就是正向的，否则就是负向的。可见，压力是一个受多种因素影响的复杂过程，关键在于民航服务人员如何应对和处理压力。

2. 应对压力的方法

压力作为与人类社会演进共同存在的一种心理因素，时刻影响着人们，而民航服务人员的职业压力是不可避免的。只有通过正确的压力管理与应对，民航服务人员才能有效地发挥职业压力的积极作用，正确化解其消极影响。适当的压力并非坏事，关键是民航服务人员需要通过适当的专业发展途径，获得足够的知识和能力储备，有效地应对压力的挑战。

应对压力的行为指导主要有正确认识压力、身心控制减压、身心放松，进行心理咨询、调控期望值等。

1) 正确认识压力

压力并无好与坏之分。我们若视之为积极的、正面的，就可将其当作生命中的"生长素"，促使个人成长；但若视之为消极的、负面的，则会成为个人的阻碍。

2) 进行心理咨询

当人在烦恼、忧郁、苦闷时，尤其需要他人的理解和疏导。因此，寻求心理咨询的帮助，有助于人把压抑的情绪宣泄出来，求得他人的疏导，是调节情绪的有效措施。我们应正视不良情绪，主动打开心扉，积极寻求安慰、理解与指导，以便有效地排除不良情绪的束缚，使自己的心情更加开朗，行为更加富有朝气，放下包袱，轻装前进。

3) 调控期望值

对人、对事不要过分苛求，期望值也不要太高。对他人、自己、事物的期望值过高，势必在需求难以满足时产生不好的情绪反应。因此，我们要在一定的范围内学会知足。对人、对事不要苛求十全十美，这样就不会因不满足而产生烦恼了。

4) 其他调适方法

（1）音乐疗法。音乐作为一种艺术，是人的情绪的一种表达方式。曲调和节奏不同的音乐可以使人产生不同的情绪体验。音乐能通过人的听觉器官和神经传入人脑，和机体的某些组织结构发生共鸣，激发人体的能量。音乐还能使人体分泌一些有益于健康的激素，起到调节血液流量和神经细胞兴奋的作用，以及调节情绪的作用。每个人都可以根据自己的情绪状况来选择适合的音乐，以调节自己的情绪。

（2）练习太极拳。练习太极拳也是一种很好的方法，它可以强身健体，使人精力充沛，积极地面对生活。

（3）放松训练法。放松训练是一种通过练习学会心理和躯体上放松的方法。放松训练可以帮助个体减轻或消除各种不良的身心反应，且见效迅速。

放松训练的具体做法有很多，如当感到有压力时，应使自己静下来 10min～15min，将精力集中在呼吸上，默数每一次的呼和吸，这样可以放松全身，减少压力感。放松方法与程序如下。

闭上眼睛，集中精神感受身体的各个方面；吸气时，紧绷肌肉；呼气时，放松肌肉，各约 5s。从中体会肌肉紧绷与松弛时的差异，每个部位各做两次，直到感觉身体各部位已经放松后，可以静坐一段时间。

身体各部位的放松可以按以下顺序进行。

① 手部。收紧时，手腕握紧拳头，手指、手腕及前臂用力；放松时，手掌自然张开，从惯用手开始。

② 手臂。收紧时，上、下臂夹紧；放松时，两臂自然下垂。

③ 头部及额头。收紧时，头部尽量上仰，额头紧紧往上推挤，让其产生皱纹，拉紧皮肤及额头；放松时，恢复平常状态。

④ 眼睛。收紧时，用力紧闭，眼睛缓缓张开一条细缝，眼球自然往下，约可以看到鼻尖；放松时，慢慢睁开双眼。

⑤ 牙齿及舌头。收紧时，上、下牙齿咬紧，舌头紧紧向上抵住；放松时，上、下牙齿轻轻叩碰，舌头悬空。

⑥ 面颊及嘴唇。收紧时，上、下嘴唇紧闭，面颊向左右尽量拉；放松时，嘴唇轻轻闭合。

⑦ 颈部及肩膀。收紧时，肩膀用力往上挤；放松时，肩膀自然下沉。

⑧ 腹、腰部。收紧时，腹部尽量突出，臀部夹紧；放松时，全身重量下沉于臀部（坐姿）。

⑨ 两脚掌及两腿。收紧时，脚趾用力向下弯曲，大腿、小腿尽量夹紧或绷紧；放松时，脚底平贴地面（坐姿），腿与脚下沉。

结束时的注意事项：伸展四肢，深呼吸，张开眼睛，用 2min～3min 的时间，充分享受放松的感觉，再渐渐地结束松弛的状态。

附：【心理测评】

"应对方式问卷"中的每个问题有两个答案："是"与"否"。请根据自己的情况在每个问题后面选择一个答案。

应对方式问卷

顺序	问　题	是	否
1	能理智地应对困境		
2	善于从失败中总结经验教训		
3	经常希望自己已经解决了面临的困难		
4	对自己能够取得成功充满信心		
5	制订一些克服困难的计划，并按计划去做		
6	认为"人生经历就是磨难"		
7	常感叹生活的艰难		
8	专心于工作或者学习以忘却不快		
9	常认为"生死由命、富贵在天"		
10	常常喜欢找人聊天，以减轻烦恼		
11	请求别人帮助自己克服困难		
12	常常只按照自己想的做，而不考虑后果		
13	不愿过多思考影响自己情绪的问题		
14	投身其他社会生活，寻找新的寄托		
15	常自暴自弃		
16	常以无所谓的态度来掩饰内心的感受		
17	常想"这不是真的就好了"		
18	认为自己的失败多数是外因所致		

续表

顺序	问　题	是	否
19	面对困难采取等待、观望的态度		
20	常因对方性格怪异，而与对方发生冲突		
21	常向引起问题的人或事情发脾气		
22	常幻想自己有克服困难的超人本领		
23	常自我责备		
24	常用睡觉的方式来逃避痛苦		
25	常借助娱乐活动来消除烦恼		
26	常想些高兴的事情，以求自我安慰		
27	避开困难，以寻求内心的宁静		
28	为不能回避困难而烦恼		
29	常用两种以上的办法来解决困难		
30	常认为没有必要那么费力地去争成败		
31	努力改变现状，使情况向好的一面转化		
32	借烟、酒消愁		
33	常责怪他人		
34	对困难常采用回避的态度		
35	把不愉快的事情藏在心里		
36	常自卑、自怜		
37	常认为这是生活对自己不公平的表现		
38	常压抑内心的愤怒和不满		
39	吸取自己和他人的经验去应对困难		
40	常不相信那些对自己不利的事情		
41	为了自尊，常不愿意让人知道自己的遭遇		
42	常与同事、朋友一起讨论解决问题的办法		
43	常告诫自己"忍者自安"		
44	常祈祷神灵的保护		
45	常用幽默和欢笑的方式缓解冲突和不快		
46	常认为自己能力有限，只能忍耐		
47	常怪自己没出息		
48	常爱幻想一些不现实的事情以消除烦恼		
49	常抱怨自己无能		
50	常能看到坏的事情有好的方面		
51	自感挫折是对自己的考验		
52	向有经验的亲友、师长求教解决问题的方法		
53	平心静气、淡化烦恼		

续表

顺序	问题	是	否
54	努力寻求解决问题的方法		
55	选择职业不当,是自己常遇到挫折的主要原因		
56	总怪自己不好		
57	看破红尘,不在乎自己的不幸遭遇		
58	常自感运气不好		
59	常向他人诉说心中的烦恼		
60	常自感无所作为而任其自然		
61	寻求别人的理解和同情		

应对方式问卷分量表

分 量 表	分量表构成编号
解决问题	1、2、3、5、8、-19、29、31、40、46、51、55
自责	15、23、25、37、39、48、50、56、57、59
求助	10、11、14、-36、-39、-42、43、53、60
幻想	4、12、17、21、22、26、28、41、45、49
退避	7、13、16、19、24、27、32、35、44、47
合理化	6、9、18、20、30、33、38、52、54、58、61

该分量表共分成六个方面：解决问题、自责、求助、幻想、退避、合理化。请按照以下步骤进行评分。依据表中进行评分,每个问题编号前没有"-"的选"是",得 1 分;有"-"的选"否",得 1 分。按照以下公式计算分量表中的因子分：分量表因子分 = 分量表单项条目分之和。将六个因子的因子分进行排序,因子分最高的代表个体最常用的应对倾向。

(资料来源：《心理卫生评定量表手册》,肖计划编制)

3.1.5 民航服务人员情感品质的培养

1. 自我调控情绪

有的旅客出门在外会心烦气躁,在民航服务过程中,如果我们给旅客的是一个甜美的微笑,一份热情、主动的服务,用我们的真心换取旅客的信任,旅客同样也会给我们相应的回报。"我代表航空公司",要成为民航服务人员的共识。

2. 保持良好的情感

正确的情感倾向,是指服务人员应明确本职工作的性质,热爱自己的本职工作,并能主动、热情地为旅客提供服务。以深厚的、持久的、积极的情感为旅客提供服务并乐于满足旅客提出的合理要求,虚心听取旅客的意见,同时不计较他们的意见是否合理。

3. 加强沟通协调能力

沟通协调能力，是指民航服务人员、本班组的其他成员、相邻单位、带班领导之间的交流水平。一个性格内向、孤僻、古怪、冷漠、敏感的人在这方面往往比那些开朗、无私、大度、坦诚、友善的人要差得多。评定一个现代人才的标准之一，就是其协作能力。在强化个人沟通协调能力的同时，还要注重合理搭配力量，营造一个配合默契、分工协作、相互监督提醒、取长补短的工作氛围，以达到 1+1>2 的效果。

4. 增强应变能力

当发生飞行气流量大、飞机被劫持、发动机产生故障、起落架卡阻、座舱失密、无线电失效等意外情况时，民航服务人员除首先调节好自身的情绪外，还要在关键时候稳定旅客的情绪。遇到问题，保持冷静是民航服务人员所必需的素质，民航服务人员要有不急不躁、镇定自若、沉稳冷静的心态。例如，飞机在空中飞行时突然遇到气流，民航服务人员给旅客一个微笑或讲个幽默的小笑话以缓解他们的恐慌情绪；当飞机发生故障时，民航服务人员应镇定自若，采取应急措施，有条不紊地指挥旅客进行疏散。在空中，旅客本来就容易紧张、冲动，如果遇到问题，民航服务人员也一样冲动，不能保持冷静，旅客也会跟着一起慌乱，这样机上的所有人都会非常危险。

所以，民航服务人员应具备良好的心理素质，遇到问题时沉着冷静，坚守自己的岗位，不因循守旧，要具体情况具体对待，有变通能力，能在短时间内做出应对行为。

5. 学会正确地表达

语言表达能力对于民航服务人员来说是非常重要的，是与旅客进行良好沟通的关键，有了良好的沟通才能为旅客更好地服务。所以，良好的语言表达能力是每位民航服务人员必须拥有的。

思考与讨论

（1）民航服务人员怎样进行情绪管理？
（2）结合实际，谈谈调适不良情绪的方法。

3.2 意志过程与民航服务

学习提示

（1）了解意志的概念。
（2）掌握挫折的心理防御机制的作用。
（3）掌握应对挫折的主要方法。

3.2.1 意志过程的概述

1. 什么是意志

意志是指一个人自觉地确定目标，并根据目标来支配、调节自己的行动，克服各种困难，从而实现目标的心理过程。

意志行动是在一定的思想动机的支配下产生的，而正确、高尚的动机则来源于崇高的理想、坚定的信念和科学的世界观。在人的行为活动过程中，行为的目的是克服一切困难的力量源泉，目标越切合实际，就越能激起个体克服困难的力量。奥斯特洛夫斯基曾说：不遇岛屿和暗礁，难以激起美丽的浪花。李时珍青年时就立下了雄心壮志，以救天下病人为己任，走遍万水千山，尝遍百草，历经了 27 年的艰辛，毫不动摇地完成了 195 万字的巨著。意志行动是人类所特有的，它是人类在认识世界和改造世界的过程中产生的，也是在人类不断深入地认识世界和更有效地改造世界的过程中得到发展的。

例如，民航服务人员为了提高服务的质量而刻苦学习，运动员为了祖国的荣誉而顽强拼搏，科技工作者为了科学技术事业的发展而刻苦攻关等，这些都是意志行动。

2. 意志行动的特征

1）意志行动是具有自觉目的性的行动

恩格斯说：我们并不想否认，动物是具有从事有计划的、经过思考的行动的能力的。但是动物的一切有计划的行动，都不能在自然界中留下它们意志的印记，这一点只有人才能做到。

2）意志行动与克服困难相联系

人的许多活动是具有目的性，并以随意行动为基础的。但有些行动，如饭后散步、闲时聊天、观鱼赏花等并没有明显的困难，故一般不认为它们是意志行动。只有那些因克服困难而产生的行动，才被认为是意志行动。例如，民航服务人员身体欠佳时坚持工作、为提高自己的业务能力而学习、为按时完成某项重要任务而奋斗拼搏等，相关人员就要付出一定程度的意志努力。所以，意志行动总是与克服困难相联系的。

人们在意志行动中所遇到的困难有两种：内部困难和外部困难。内部困难是由个体本身的不足而产生的，如消极的情绪、信心不足、态度犹豫、知识经验不足、性格上的胆怯等；外部困难是指由于客观条件而造成的某些不利因素，如环境条件恶劣、缺乏必要的工作设备等。

3）意志对行动的调节作用

意志对行为的调节作用保证了人的行为的目的性，调节的最终结果表现为预定目的的实现；意志对行动的调节作用，表现为意志对人的行为的发动和抑制。

发动表现为推动人实施为达到预定目的的行动。抑制表现为阻碍人实施为达到预定目的的行动。意志不仅调节人的外部行动，还可以调节人的心理状态。当民航服务人员在服务过程中，耐心回答旅客提出的问题时，就存在着意志对注意、记忆和思维等认识活动的调节。当飞机遇到较强的气流时，民航服务人员提醒自己不要恐慌，这实际上是意志促使其镇定，表现了意志对情绪状态的调节。

4）意志与情绪的关系

首先，情绪既可以成为意志行动的动力，也可以成为意志行动的阻力。当某种情绪、情感对人的活动起推动或支持作用时，这种情绪、情感就会成为意志行动的动力。当某种情绪、情感对人的活动起阻碍或消极作用时，情绪、情感就会成为意志行动的阻力。例如，消极的心境、高度应激的状态和害怕困难的情绪和情感都会妨碍意志行动的执行，动摇以至削弱人的意志。消极的情绪对意志行动的干扰作用，取决于一个人的意志力水平，意志坚强者可以克服消极情绪，使意志行动自始至终贯彻到底；意志薄弱者则可能被消极情绪所压垮，使意志行动半途而废或一无所获。

其次，意志能够控制情绪，使情绪服从于理智。例如，人既能够调节和控制由失败或挫折带来的痛苦和愤怒的情绪，也能够控制和调节由胜利带来的喜悦和激动，当然这取决于一个人的意志力水平的高低。

认识过程、情绪情感过程和意志过程是密切联系的。认识过程、情绪情感过程中包含着意志的成分；同样，意志过程中也包含着认识过程和情绪情感成分。

5）意志与个性的关系

首先，个性的倾向性制约着人的意志表现。其次，意志在个性的形成和发展中起着重要作用。一个人的理想、信念、价值观、兴趣爱好和世界观等个性倾向性与意志有着密切的联系。一个人对某种活动或事业充满着浓厚兴趣，就会集中精力，全力以赴克服前进道路上的困难和障碍，最终达到预定的目的。相反，一个人对某种活动或事业没兴趣，缺乏行动的愿望，即使勉强去做，也会将其视为负担。当遇到困难或挫折时，就会退缩和动摇。但是，如果一个人意志坚强，即使对某项活动没有兴趣，也会以坚强的毅力克服各种困难和障碍，并达到预定目的。同时在完成目标任务的过程中，个体也可能会逐渐培养起对该活动的兴趣。可见，个性倾向性与意志的关系是十分密切的。

3.2.2 挫折及其承受力

1. 挫折的概念

挫折是指个体从事有目的的活动，在这一过程中遇到障碍或干扰，使其需要和动机不能获得满足时的情绪状态。

2. 遭遇挫折的原因

个人遭遇挫折的原因很多，各种原因所造成的挫折强度也不尽相同。概括来说，这些因素可以分为以下两类。

1）客观因素

（1）自然环境因素。自然因素是指非人力所能及的一切客观因素，如台风、地震、酷热、洪水、疾病、事故等。

（2）家庭影响。家庭的教育方式、抚养方式及家长的素质等对民航服务人员的抗挫折能力都有直接或间接的影响。有关研究表明：自小娇生惯养和过分受保护的人在参加工作后，其抗挫折能力偏弱。

2）主观因素

（1）生理因素。生理因素是指个体与生俱来的身体、容貌、健康状况等先天素质所带来的限制。民航服务人员在这些方面比其他行业人员占优势，但他们仍可能把自己的劣势与同行的优势进行比较，同样可能为自己带来挫折感。

（2）自我认知偏差。当有些民航服务人员取得一点成就时，自我评价偏高；而当遇到挫折与失败时，就会产生失败感或焦虑苦恼的情绪而低估自己，甚至自我怀疑与否定。

（3）人际交往不适。在民航服务这一特定行业中，由于工作的特殊性，民航服务人员的人际关系比较简单，但他们对友谊、对朋友也有依恋和期望。由于部分民航服务人员在生活中和交往过程中与他人沟通不足，常会有强烈的孤独感。而在有限的交往中，民航服务人员还会遭遇人际关系失调、冲突等，从而导致其产生挫折感。

（4）动机冲突。①双趋冲突。在有目的的活动中，同时有两个目标吸引着我们，但二者不可兼得，必须放弃其中一个目标的时候，人们就会在心理上产生难以取舍的双趋冲突。②双避冲突。同时存在两个目标，对我们都有害，而现实又迫使我们必须选择一个，由此产生双避冲突，从而形成很大的心理压力。③趋避冲突。当同一个目标既能够满足我们的需要，对于我们有吸引力，同时又会带来某种伤害的时候，我们趋近这一目标和逃避这一目标的动机同时存在，并相互冲突，这就是趋避冲突。④双重趋避冲突。当同时有两个目标与我们发生联系，而每个目标既对我们有吸引力，同时又会给我们带来一定伤害的时候，就出现了双重趋避冲突。

3. 挫折承受力

挫折承受力也叫挫折容忍力，是指一个人忍受挫折，维持自己身心健康的能力。挫折承受力的高低由两个方面的因素决定：一个是人的身体条件；另一个是其在成长过程中经受挫折的经验与价值观的稳定程度。

大量的心理学研究证明：身体条件好的人，要比身体条件差的人具有更好的挫折承受力。另一方面，如果一个人在成长过程中经常身处逆境，生活风浪的冲击会提高他面对生活困难、摆脱心理冲突的能力。此外，在成长过程中受到良好教育，价值观念统一而稳定的人，也可以百折不挠，表现出超人的挫折承受力。

4. 受挫折后的行为表现与心理防御机制

1）受挫折后的行为表现

由于受挫折的人各有其特点，所以其受挫折后的行为表现也各有不同。一般分为两类：有的人采取积极应对的态度；有的人采取消极的应对态度，甚至是对抗的态度。

（1）攻击。攻击是一种常见的、对抗挫折的行为。这种攻击行为又可分为直接攻击和间接攻击两类。例如，一个刚上岗的民航服务人员如果受到旅客的无端指责，他（她）可能会怒目而视，还以粗暴行为，这就是直接攻击；有的人可能把这种攻击转向其他人或物，这就是间接攻击。

（2）冷漠。当一个人受到挫折后压力过大，无法攻击或攻击无效，或因攻击而导致更大的痛苦时，便会把愤怒的情绪压抑下来，采取冷漠行为。长期处于这种状态的民航服务人员就会慢慢表现出麻木状态，脸上也会出现"格式化"的表情。

（3）幻想。幻想是人受到挫折后的另一种退缩式的反应。它是指个人遭受挫折后退缩，把自己置于一种想象的境界，企图以非现实的方式来应付挫折或解决问题。

（4）退化。退化是指个体遇到挫折时会表现出与自己年龄、身份不相符的行为，是一种反常的现象。例如，民航服务人员或旅客受挫折后，放弃成人的处理方式而采取幼稚的方式应对和处理问题，如捶胸顿足、号啕大哭等，以及不愿承担责任、不能做出简单的决策、敏感性降低、不能区分合理的和不合理的要求、不能控制自己的情绪、无理取闹等。

（5）固执。在某些情况下，一个人一再遇到同样的挫折，也可能会采取一种一成不变的反应方法，即使以后情况已改变，而这种已有的刻板性反应方法仍会继续盲目出现，这种现象就叫固执。例如，民航服务人员对领导的劝告置之不理，依然一意孤行，固执己见。

2）心理防御机制

冲突会引起人强烈的焦虑反应。为了避免焦虑体验，对自己心理上造成进一步的伤害，当某种冲突导致的焦虑出现时，人们会启用心理防御机制来减少焦虑，维持自尊。以下对部分心理防御机制做简要说明。

（1）压抑作用。把那些不能忍受的经历、欲望或动机压抑下去。压抑虽可减轻焦虑，获得暂时的安全感，但被压抑下去的不良情绪并没有因此消失。

（2）合理化作用。为自己的不当行为寻找一种好的理由，使它看起来是合理的、正当的，从而被自己和社会所接受。这是人们在日常生活中运用最多的心理防御机制之一。例如，自己的服务不好，把主要原因归咎于客观因素，如旅客的素质太低等，用以减轻自己的责任。

（3）否认作用。当外界现实极不愉快以致不能正视时，人们会极力予以否认，将发生的事情完全否认，眼不见为净，以减轻心中的痛苦，这种方法能使自己减轻内心的焦虑。

（4）投射作用。将自己不认可的动机、观念投射给别人，以求得内心的宁静。这是一种比较幼稚、消极的防御方式。总是责怪他人，总把错误归咎于他人，就会妨碍正常的人际关系。

综合以上的分析，心理防御机制多是无意识的，它并不能真正改变焦虑情境，而只能帮助人们暂时渡过难关，多含有自欺欺人的成分。

3.2.3 民航服务人员意志品质的培养

1. 良好的意志品质在工作中的表现

1）意志的自觉性

意志的自觉性是指民航服务人员对于自己行为目的的正确性和重要性的认识，尤其是对行为效果和社会意义的认识，民航服务人员要在工作中自觉地虚心听取旅客的意见，学习别人的长处，改进自己的不足，克服各种困难，主动提高自己的服务质量。

2）意志的果断性

意志的果断性指民航服务人员明辨是非，及时采取决策与执行决定。对于一名民航服务人员，最好的表现是在解决工作中出现的各种问题、矛盾时，能够反应敏捷、判断迅速、勇于负责。

3）意志的坚定性

意志的坚定性指民航服务人员以充沛的精力和坚韧的毅力，不屈不挠地、坚持不懈地达到目的。

具有意志坚定性的民航服务人员，无论碰到什么样的旅客和困难，都能够排除外部干扰，想尽办法解决困难，为旅客提供高质量的服务。意志坚定性不够的民航服务人员往往不能在复杂和困难的环境中为旅客提供好的服务。

4）自制力

自制力指民航服务人员在意志行动中善于控制自己的情绪，约束自己的言行。一名自制力较强的民航服务人员无论碰到什么困难，都能镇定自若，把握分寸；若民航服务人员的自制力较弱，在工作中往往意气用事，不计后果，容易造成不良影响。

2. 良好意志品质的培养

在参考美国学者拿破仑·希尔研究成果的基础上，提出以下培养意志的几个方法。

1）坚定理想

依据个人理想制定某一具体时期的工作目标，并和志同道合者进行讨论，在服务工作过程中设立有意义的目标。

2) 明确服务的理念

例如，由国航提出的"四心服务工程"：第一，以安全为中心、让旅客放心的放心工程；第二，使旅客整个行程顺畅，以航班正点为中心的顺心工程；第三，使旅客感到舒适的舒心工程；第四，满足旅客个性需求的动心工程。

事实上，一个旅客的最高要求是"感动"他，而民航服务人员要怎样感动一个旅客呢？为旅客提供个性化的、人性化的需求。

3) 强化训练

1915年，心理学家博伊德·巴雷特曾经提出一套锻炼意志的方法。其中包括从椅子上起身和坐下30次；把一盒火柴全部倒掉，然后一根一根地装回盒子里。他认为，这些练习可以增强人的意志力，以便其日后面对更严重、更困难的挑战。巴雷特的具体建议似乎有些过时，但其思路却给人以启示。

4) 培养意志品质

从日常生活中的小事做起，目标一旦确定，就要坚持到底，决不要中途松劲，或半途而废。这样，既克服了缺点，又锻炼了自己的意志。事实上，意志力并非是生来就有或不可能改变的特性，它是一种能够培养和发展的品质。

5) 学会激励自己

每当我们出色地完成了一项任务，都要及时总结一下，给自己一个奖励。多鼓励自己，有助于自己向更好的方向发展。自我激励就是无论身处怎样的境地，都要将自己的热情、激情调动起来，主动地克服困难。只有具备这样的思想意志品质，我们才能始终保持乐观自信、积极进取的心态。

思考与讨论

(1) 民航服务人员怎样进行情感品质的培养？
(2) 何谓挫折？你是如何应对挫折的？

知识拓展

以身体语言表达情绪

身体语言又称肢体语言，是指由身体的各种动作代替语言，以达到沟通的目的。肢体语言既包括面部表情，也包括身体与四肢所表达的意义。

心理学家艾伯特·梅拉宾曾得出这样一个公式：感情表达是7%的词语+38%的声音+55%的面部表情。可见语言在交际中交往仅占很小的分量，人与人之间的沟通更多的是利用人的"体态语"。这些千姿百态的身体语言非常有趣。

谈到通过肢体表达情绪时，我们自然会想到很多惯用动作的含义：如鼓掌表示赞美、顿足代表生气、搓手表示焦虑、垂头代表沮丧、摊手表示无奈等。

美国心理学家爱德华·霍尔研究发现：人与人之间的距离可以分为以下几种。

1. 亲密距离

15cm是人际间最亲密的距离，只能存在于最亲密的人之间，通常是在父母与子女、恋人、夫妻之间，彼此能感受到对方的体温和气息。就交往情境而言，亲密距离属于私下情境，即使是关系亲密的人，也很少在大庭广众之下保持如此近的距离，否则会让人感觉不舒服。

2. 个人距离

46cm~76cm是人际间稍有分寸感的距离，人与人之间较少有直接的身体接触，但能够友好地交谈，让彼此感到亲密的气息。一般说来，只有熟人和朋友才能进入这个距离。在人际交往中，个人距离通常用于非正式社交情境，在正式社交场合中则使用社交距离。

3. 社交距离

1.2m~2.1m是一种社交性或礼节上的人际距离，也是我们在办公室中经常见到的。这种距离给人一种安全感。处在这种距离中的两人，既不会怕受到伤害，也不会觉得太生疏，可以友好地进行交谈。

4. 公众距离

公众距离是3.7m~7.6m 一般说来，演讲者与听众之间的标准距离就是公众距离，明星与粉丝之间的距离也是如此。这种距离能够让仰慕者更加喜欢偶像，既不会使人有遥不可及的感觉，又能够使自己保持适度的神秘感。了解了交往中人们所需的自我空间及适当的交往距离，就能有意识地选择与人交往的最佳距离了。

用肢体动作表达情绪时，当事人经常并不自知。当我们与人谈话时，时而蹙额，时而摇头，时而摆动手势，时而两腿交叉，我们多半并不自知。正因如此，心理学家提出一个假设：当你与人说真话的时候，你的身体将与对方接近；当你与人说假话的时候，你的身体将离开对方较远。实验结果发现：如果要求不同受试者，分别与别人陈述明知是编造的假话与正确的事实时，说假话的受试者会不自觉地与对方保持较远的距离，而且身体明显地向后靠，肢体的活动较少，面部笑容反而增多。

人的肢体语言代表的意义（仅供参考）

正视前方：　　　　　　安全、信任、诚实、外向。
眉开眼笑：　　　　　　心情愉快。
避免目光接触：　　　　无安全感、恐惧、紧张等。
眯着眼：　　　　　　　不赞同或不欣赏。
点头：　　　　　　　　同意。
拨弄头发：　　　　　　迷惑或不相信。

抬头挺胸：	自信、果断。
轻拍肩背：	鼓励与安慰。
环抱双臂：	愤怒、不欣赏、防御或攻击。
手捏弄拇指：	内心紧张、不安或害怕。
手掌心朝上：	是个直率、诚实的人
指着对方鼻尖说话：	相当自负，处于强势地位。
摸下巴：	比较理智。
握手力度适中：	情绪相对稳定。
握手太轻且快：	冷淡、不重视。
站立并向前倾：	注意力集中，或对人、事感兴趣。
随意地坐在椅中：	无聊或轻松。
喜欢并排坐：	有共同感。
喜欢对面坐：	想了解对方或竞争对手。
坐不安稳：	内心不安、紧张。

第4章　民航服务与个性心理

本章导读

自然界中没有完全相同的两棵树,甚至没有两片完全相同的树叶,人世间也没有完全相同的两个人。由于人的遗传基因不同,尤其是生活环境、生活条件、人生经历、受教育状况不同,每个人都有不同于他人的个性,显示出人与人之间的个性差异。个性是一个人区别于他人的、稳定的、独特的整体特性,个性主要包括气质、性格和能力。

案例导入

苏联心理学家巧妙地设计了一个"看戏迟到"的特定情境,对四种典型气质类型的人进行观察研究,结果发现:四种气质类型的观众,在同一情境中有着截然不同的行为表现。

(1) 胆汁质的人面红耳赤地与检票员争吵起来,甚至企图推开检票员,冲过检票口,径直跑到自己的座位上去。

(2) 多血质的人明白检票员不会放他进去,他也不与检票员发生争吵,而是悄悄地跑到楼上另寻一个适当的地方观看戏剧表演。

(3) 黏液质的人看到检票员不让他从检票口进去,便想反正第一场戏不太精彩,还是暂且到小卖部待一会儿,待幕间休息再进去。

(4) 抑郁质的人对此情景会说自己老是不走运,偶尔来一次戏院就这样倒霉,接着就垂头丧气地回家了。

4.1　气质与民航服务

学习提示

(1) 了解气质的概念及特征。

（2）掌握四种气质类型的特点及表现。
（3）把握各种气质类型所适合的职业。

学习内容

在案例导入中，我们看到了不同气质类型的人面对同一件事情的不同表现。那么，什么是气质？不同气质类型的人的性格特点是什么？

4.1.1 气质的类型及特征

气质是人的心理特征之一，是指人相对稳定的个性特点、风格和气度。人们常说的"性情""脾气"就是气质的通俗说法。气质是描述一个人在实践个人目标时如何行动的特质，是温和的，还是暴躁的，是迅速的，还是缓慢的。一个具有活泼、好动气质特征的民航服务人员，也会在服务活动中表现出活泼、开朗的性格。

希波克拉底是古希腊著名的医生，他最早提出了气质的概念。他在长期的医学实践中观察到人具有不同的气质，认为气质的不同是由于人体内不同的液体决定的。他设想人体内有血液、黏液、黄胆汁、黑胆汁四种液体，并根据人体中这些液体的不同比例，把人分为不同的气质类型：体内血液占优势的属于多血质；黄胆汁占优势的属于胆汁质；黏液占优势的属于黏液质；黑胆汁占优势的属于抑郁质。

可见，人的气质分为多血质、胆汁质、黏液质、抑郁质四种类型。虽然四种体液的比例概念并不符合现代医学的认识，但对人的气质的分类却有一定的合理性，因此这四种气质类型的名称一直沿用至今。

1. 胆汁质

典型表现：胆汁质的人反应速度快，具有较高的反应性与主动性。这类人的情感和行为动作产生得迅速而且强烈，有极明显的外部表现；性情开朗、热情、坦率，但脾气暴躁，好争论；情感易于冲动但不持久；精力旺盛，经常以极大的热情从事工作，但有时缺乏耐心；思维具有一定的灵活性，但对问题的理解不够透彻、有不求甚解的倾向；意志坚强、果断勇敢，注意力稳定而集中，但难以转移；行动利落而又敏捷，说话速度快且声音洪亮。

适合职业：演员、外事接待员、节日主持人、导游、公关、推销员等。

2. 多血质

典型表现：多血质的人具有很高的反应性。这类人的情感和行为动作发生得很快，变化得也快，但较为温和；易于产生情感，但体验不深，善于结交朋友，容易适应新的环境；语言具有感染力，表情生动，有明显的外倾性特点；机智灵敏、思维灵活，但常表现出对问题不求甚解；注意力与兴趣易于转移，不稳定；意志力不坚定。

适合的职业领域：军事、外交、医疗、法律、新闻、驾驶、纺织、体育等。

3. 黏液质

典型表现：黏液质的人反应性低。黏液质人的情感和行为动作迟缓、稳定，缺乏灵活性；这类人的情绪不易发生，也不易外露，很少产生激情，遇到不愉快的事也不动声色；注意力稳定、持久，但难以转移；思维灵活性较差，但比较细致，喜欢沉思；在意志力方面具有耐性，自制力较强；态度持重、沉默寡言，办事谨慎细致，从不鲁莽，但对新的工作较难适应，行为和情绪都表现出内倾性。

适合的职业：播音主持、话务人员、出纳、会计、法官等。

4. 抑郁质

典型表现：抑郁质的人有较高的感受性。这类人的情感和行为动作都相当缓慢、柔弱；情感容易产生，而且体验相当深刻，隐晦而不外露，易多愁善感；往往富于想象，聪明且观察力敏锐，善于观察他人观察不到的细微事物，敏感性高，思维深刻；在意志方面常表现出胆小怕事、优柔寡断，受到挫折后常心神不安，但对力所能及的工作表现出坚忍的精神；不善交往，较为孤僻，具有明显的内倾性。

适合职业：机要秘书、雕刻、刺绣、保管员、化验员、排版员、校对员等。

在现实生活中，并不是每个人的气质都能归入某一气质类型。除少数人具有某种气质类型的典型特征外，大多数人都偏于中间型或混合型。也就是说，人们较多地具有某一气质类型的特点，同时又具有其他气质类型的一些特点。

4.1.2 气质差异与民航服务

气质类型没有好坏之分。气质类型不能决定人的社会价值的大小与社会成就的高低。研究表明：在同一社会实践领域里的杰出人物中，均可找出不同气质类型的代表。任何气质类型都既有积极的一面，也有消极的一面。多血质者活泼热情、善于交际、反应灵活、工作效率高，但稳定性差；胆汁质者外向开朗、反应快、效率高，但暴躁；抑郁质者自我控制力差、易疲劳、性情孤僻，但观察细致、感情细腻、办事谨慎。

1. 针对不同气质类型采取不同的管理方法

不同气质类型的人在情感表达方式、接受新事物的速度、行为的稳定性、对挫折的忍耐程度等各个方面均各有特色，因而相关人员在对员工进行教育培训时要有针对性，即根据人的不同气质类型，采取不同的方式方法。例如，多血质的人挫折承受力较强，对他们的批评不妨严厉些，并考虑到他们轻率、浮躁、易变的气质特点，在批评的同时要对他们加强日常纪律的约束。相反，抑郁质的人挫折承受力较弱，又不善于暴露自己的思想，所以在批评他们时要特别注意方式、方法，给予他们更多的关怀和鼓励。

2. 针对气质特征合理安排和分配工作

在某些职业中，具有符合工作要求的气质特点者，易于适应工作，工作也更有成效、更轻松。例如，在机场的候机大厅内有问询台，在问询台工作的人员要求热情开朗、反应灵敏，多血质的人就较易适应这一岗位，而黏液质和抑郁质的人相对要困难些。试想，如果让抑郁质的人在问询台工作，每天要与许多不同部门、不同个性的人打交道，为此他们需要培养交际能力、言语表达能力，克服自己内向、沉默、冷淡等气质特点，这对抑郁质的人来说无疑是困难的。

如果相关人员能够根据民航服务人员的气质类型来安排他们的岗位和工作，相信会有助于提高民航服务人员的服务质量和工作效率，使不同气质的民航服务人员能够发挥自己气质中积极的一面，而抑制消极的一面。例如，飞机载重平衡的配载员，每天要根据航班的旅客、货物、邮件、行李的重量和飞机的机型为每个航班制定载重平衡图，这类工作要求持久、细致、严谨，那么黏液质和抑郁质的人要比多血质、胆汁质的人容易适应一些。

3. 针对气质合理搭配班组，增强组织的凝聚力

在选择班组成员方面，相关人员应注意各种气质类型人员的适当搭配，发挥各种气质的互补性。因为一个集体中有各种不同性质的工作，即使是同一项工作，也有不同的情况发生。例如，一架飞机上的乘务人员，尽管都是为旅客提供服务的，但其中也有分工，也需要相互配合。特别是遇到一些突发事件，如飞机延迟起飞、中途需要加油、飞机遇到险情、出现故障等，这时更需要机组和乘务人员的密切配合。把各种不同气质类型的人搭配在一起，就可以发挥不同气质类型的积极因素。

4. 针对旅客的气质特征采取不同的服务方式

来自世界各地、五湖四海的旅客，其气质表现存在着很大的差异。作为民航服务人员，在服务过程中必须要快速且准确地观察旅客们的情绪状态、言语和行为特点，善于捕捉旅客细微的变化。

多血质的旅客热情大方，喜欢与人交往，他们一般好动、活泼。因此，在服务过程中，民航服务人员除了尽量满足他们喜欢交际、爱好交谈的需求，还要注意他们好动的特点。在候机室里，我们常可以看到这类旅客有点坐不住、站不定，即使坐下来也很少能以一种姿势坐很久。由于他们对飞机上的一些先进设备感到新鲜，加上他们自身好动的特点，往往容易损坏机上的一些器件。

黏液质的旅客在服务过程中表现较稳重，感情较平稳，情感很少外露，喜欢清静的环境，自制力强。但由于这类旅客感情不外露，话又不多，民航服务人员有时猜不透他们想些什么、需要什么。因此在服务过程中，民航服务人员不宜用大声或用激动的口气或语调与他们讲话。由于他们自制能力强，做事总是不慌不忙，力求稳妥，因此不要过多地催促或过多地打扰他们。

4.1.3 民航服务人员的气质培养

1. 感受性、灵敏性不宜过高

感受性，是指个体对外界刺激达到多大强度时才能引起反应；灵敏性，是指个体心理反应的速度和动作的敏捷程度。

例如，问询台的工作人员或值机员在工作过程中感受性过高，势必造成精力分散，注意力不集中，影响正常工作；但如果问询台的工作人员或值机员的感受性太低，也会怠慢旅客，引起旅客的不满。因此，为了保证民航服务人员能在热情饱满的最佳状态下进行服务工作，民航服务人员必须随时调节自身的感受性和灵敏性，做好不同旅客的服务工作。

2. 忍耐性和情绪兴奋不宜过低

忍耐性是指个体在遇到各种刺激和压力时的心理承受能力；情绪兴奋是指个体遇到高兴或扫兴的事时是否能控制自己。

值机员在工作时会遇到不同类型的旅客，以及各种各样的特殊的事情，如春运期间航班比较多，旅客托运的行李也多，在办理手续时，旅客嫌排队等待的时间太长，或航班延误，旅客甚至会拍桌子与工作人员争论，工作人员要面对旅客的各种情绪；在服务中，民航服务人员会遇到百般挑剔的旅客，甚至无理取闹的旅客。民航服务人员如何承受这些压力，处理好这些矛盾，做好服务工作，对其来说是重要的考验。

思考与讨论

（1）通过学习四种气质类型的分类与特征，分析自己是哪种气质类型，根据气质类型分析哪种气质类型的人比较适合从事民航服务工作。

（2）根据工作性质，请简要分析民航各个岗位所需气质类型的人员分别是哪些。

（3）请简要分析在民航服务工作过程中，针对不同气质类型的旅客，你应该怎样对待？

知识拓展

测测你的气质类型

以下 60 题可大致确定人的气质类型。在回答下列问题时，若与自己的情况"很符合"记 2 分；"较符合"记 1 分；"一般"记 0 分；"不符合"记-1 分；"很不符合"记-2 分。将每道题的得分填入"气质测验答卷"中。

1. 做事力求稳妥，一般不做无把握的事。
2. 遇到可气的事就怒不可遏，把心里的话全都说出来才痛快。

3. 宁可一个人干事，不愿很多人在一起。
4. 很快就能融入一个新的环境。
5. 厌恶那些强烈的刺激，如尖叫、噪声、危险场景等。
6. 和人争吵时，总是先发制人，喜欢挑衅别人。
7. 喜欢安静的环境。
8. 善于与人交往。
9. 羡慕那种善于克制自己感情的人。
10. 生活有规律，很少违反作息制度。
11. 在多数情况下情绪是乐观的。
12. 与陌生人在一起觉得很拘束。
13. 遇到令人气愤的事，能很好地自我克制。
14. 做事总是有旺盛的精力。
15. 遇到问题总是举棋不定、优柔寡断。
16. 在人群中从不觉得过分拘束。
17. 情绪高昂时，觉得干什么都有趣；情绪低落时，又觉得什么都没有意思。
18. 当注意力集中于一事物时，别的事很难使我分心。
19. 理解问题总比别人快。
20. 碰到危险情境，常有一种极度恐惧感。
21. 对学习、工作怀有很高的热情。
22. 能够长时间做枯燥、单调的工作。
23. 对于自己感兴趣的事情，干起来劲头十足，否则就不想干。
24. 一点小事就能引起情绪波动。
25. 讨厌做那些需要耐心、细致的工作。
26. 与人交往不卑不亢。
27. 喜欢参加热闹的活动。
28. 爱看感情细腻、描写人物内心活动的文艺作品。
29. 工作、学习时间长了，常感到厌倦。
30. 不喜欢长时间地讨论一个问题，愿意实际动手干。
31. 宁愿侃侃而谈，不愿窃窃私语。
32. 别人总是说我闷闷不乐。
33. 理解问题常比别人慢。
34. 疲倦时，只需短暂休息就能精神抖擞，重新投入工作。
35. 心里有话不愿说出来。
36. 认准一个目标就希望尽快实现，不达目的誓不罢休。

37. 学习、工作同样一段时间后，常比别人更疲倦。
38. 做事有些莽撞，常常不考虑后果。
39. 老师或他人讲授新知识、技术时，总希望其讲得慢一些，多重复几遍。
40. 能够很快地忘记那些不愉快的事情。
41. 做作业或完成一件工作总比别人花的时间多。
42. 喜欢运动量大的体育活动，或者参加各种文艺活动。
43. 不能很快地把注意力从一件事转移到另一件事上。
44. 接受一个任务后，就希望把它迅速解决。
45. 认为墨守成规比冒风险强。
46. 能够同时注意几件事物。
47. 当我烦闷的时候，别人很难使我高兴起来。
48. 爱看跌宕起伏、激动人心的小说。
49. 对工作抱持认真严谨、始终如一的态度。
50. 和周围人的关系总是相处不好。
51. 喜欢复习学过的知识，重复做熟练的工作。
52. 希望做变化大、花样多的工作。
53. 小时候会背的诗歌，我似乎比别人记得清楚。
54. 别人说我"出口伤人"，可自己并不觉得是这样。
55. 在体育活动中，常因反应慢而落后。
56. 反应敏捷，头脑机智。
57. 喜欢有条理且不太麻烦的工作。
58. 兴奋的事常使我失眠。
59. 老师讲新概念，常常听不懂，但是弄懂了以后很难忘记。
60. 假如工作枯燥乏味，马上就会情绪低落。

气质测验答卷

	题号															
胆汁质	题号	02	06	09	14	17	21	27	31	36	38	42	48	50	54	58	总分
	得分																
多血质	题号	04	08	11	16	19	23	25	29	34	40	44	46	52	56	60	总分
	得分																
黏液质	题号	01	07	10	13	18	22	26	30	33	39	43	45	49	55	57	总分
	得分																

续表

抑郁质	题号	03	05	12	15	20	24	28	32	35	37	41	47	51	53	59	总分
	得分																

记分方法如下。

（1）如果某一项目或两项的得分超过20，则为典型的该气质类型，如胆汁质类型下超过20，则为典型的胆汁质类型；如果黏液质类型和抑郁质类型得分都超过20，则为典型黏液质—抑郁质混合型。

（2）如果某一项或两项得分在20分以下、10分以上，其他各项得分较低，则为该项一般气质，如一般多血质、一般胆汁质—多血质混合型。

（3）如果各项得分均在10分以下，但某项或几项得分较其余项为高（相差5分以上），则为略倾向于该气质（或几项的混合），如略偏黏液质型、多血质—胆汁质混合型。一般说来，正分值越高，表明该类型气质特征越明显；反之，分值越低或为负数，表明越不具备该项气质特征。

4.2　性格与民航服务

学习提示

（1）理解性格的含义、构成。
（2）掌握针对不同性格的旅客进行服务的关键点。
（3）掌握良好服务性格形成的途径。

学习内容

4.2.1　性格的含义与构成

1. 性格的含义

在中国，孔子提出了"性相近也，习相远也"的性习说。孔子认为：人生来禀赋差异不大，是后天的习惯养成造成了人与人之间较大的差别。孟子提出了"性善论"，认为人生来就是善良的，"无羞恶之心非人也……"，环境与教育扶植善性，而不使之泯灭，并发展成"仁、义、礼、智、信"。相反，比孟子稍晚些的荀子则认为，人生来就是"恶"的，环境与教育去恶育善。这些理论都强调了环境对人的性格的影响。

在西方，较早研究性格的是古希腊哲学家提奥夫拉斯塔，他广泛论述了人的个别特征。以后，弗洛伊德、荣格、埃里克森、班图拉、奥尔波特及卡特尔等人都对性格理论进行了进一步研究和发展，使性格心理学日臻完善。

性格有广义和狭义之分。广义的性格是指人与其他人不同的心理特征。古希腊哲学家提奥夫拉斯塔在一篇论文中描述了30多种性格，每种性格都是根据一个占主导地位的、很明显的特征标志加以描述的，如"伪装""谄媚""枯燥无味的讲述者"等。从这个角度看，并非人的所有个别特点都是其性格特征，如视觉敏锐、记忆迅速等的个别心理特点，就被排斥在性格特征之外。科学心理学中的"性格"是取其狭窄的、特定的含义：性格是个体在现实的稳定的态度和习惯化的行为方式中所表现出来的个性心理特征。

性格狭义的含义包括以下两方面。

1）性格是表现个体对现实稳定的态度

性格是在实践活动中，在人与客观世界相互作用的过程中形成和发展起来的，客观事物对个体生活不断地渗透，通过人们的认知、情感、意志等过程，停留在个体的心理结构中，逐渐地固定下来，成为一种稳定的态度系统。

2）性格是表现个体行为方式的个性特征

思维、意志、情感等心理活动方式的特征在类似的情境中不断出现，有一定的稳定性，以至习惯化，这便形成人们独特的性格。例如，林黛玉的行为，总是受到她的那种冷漠的情感、孤傲的个性、多愁善感而又自卑的抑郁质气质等心理因素的制约，在大多数场合里林黛玉总是出现伤感、狐疑、嫉妒、冷漠，而缺乏热情和自信等行为表现。那种偶然的情境性的心理特征，不能将其看作一个人的心理特征。

2. 性格的构成

性格是由许多成分或特征组成的，通常可以分为以下四个方面。

1）对现实的态度

人对现实的态度包括对社会、集体、他人的态度，如是否关心社会、对人真诚或虚伪、善于交际或孤僻等；对劳动和工作的态度，如勤奋或懒惰、细心或粗心等。

2）性格的意志特征

性格的意志特征指人对自我行为的控制水平、目标明确程度，以及在长期工作和紧急情况下表现出来的个体差异。性格的意志特征表现为个体对自己行为的调节和控制，包括自觉性、果断性、坚毅性、自制力等。

坚强的性格体现了意志的坚忍。意志是性格力量的主要源泉，培养良好的意志品质，具有坚韧不拔的精神，是塑造性格的一个重要方面。

3）性格的情绪特征

性格的情绪特征包括情绪强度，如情绪高涨或冷漠；情绪稳定性，如情绪平稳或激动；情绪持久性，如同样遇到令人悲伤的事件，有的人悲伤情绪持续时间长，有的人悲

伤情绪持续时间短；主导心境，如有的人经常欢乐愉快，有的人往往抑郁低沉。这类性格特征主要表现在人们情绪反应的强度、持续时间的长短等方面。正是由于性格特征中带有情感色彩，因此培养美的情感、陶冶高尚情操，也是塑造性格的一个重要途径。

4）性格的理智特征

性格的理智特征主要指人在感知、记忆、想象和思维过程中表现出来的认知特点和个体差异，包括在感知方面，有人主动、有人被动；在思维方面，深刻或肤浅、独立或对立；在想象方面，主动或被动、狭窄或广阔、创造或再创造。性格的构成，具有完整性、稳定性、可塑性等特点。

4.2.2 性格差异与民航服务

1. 判断旅客的性格

民航服务人员在服务过程中，对于不同性格旅客的判断，一般是通过现场观察进行的，不同类型的旅客有不同的表现特征。所以，民航服务人员首先要熟悉不同类型旅客的表现特征，然后从其言谈举止、表情等方面进行细微观察和判断，并为其提供相应的个性服务。

判断性格的方式和方法多种多样：浅层次的，可通过人的外在的行为举止、衣着服饰加以判断；深层次的，可通过人的血型、生活背景、职业进行判断；更深层次的判断则需要通过详细的调查问卷等进行。

以下我们从走路姿态来判断旅客的性格与心理特征。

1）步伐平稳型

这种人注重现实，精明而稳健，不好高骛远，凡事三思而行；不轻信人言，重信誉守诺言，是可以信赖的人。

2）步伐急促型

不论是否有急事，都步履匆匆。这类人的效率很高，遇事不会推卸责任；精力充沛，善于面对各种挑战。

3）上身微倾型

走路时，上身向前微倾的人，个性平和、内向，谦虚而含蓄，不会花言巧语；与人相处时，表面上话不多，但重情义。

4）昂首阔步型

这类人往往以自我为中心，凡事靠自己，对人际交往比较淡漠，但思维敏捷，做事有条理，有组织能力，始终保持自己的完美形象。

5）款款摇曳型

这类人多为女性，她们腰肢柔软，摇曳生姿。她们中多数为人坦诚热情，心地善良，容易相处，在社交场合中永远是焦点人物，颇受欢迎。

6）步履整齐，双手规则摆动型

这类人似军人一般，意志力坚强，具有良好的组织能力，但为人较为固执，不易为人所动，而且不惜任何代价实现自己的目标与理想。

7）八字型

两足向内或向外勾，形成八字状，走起路来用力而急躁，但上半身却很少左右摇摆。这种人不喜欢交际，头脑聪明，做起事来总是不动声色。但有的人有守旧和虚伪的倾向。

8）随便型

步伐随便，没有什么固定的规律，有时双手插进裤袋里，双肩紧缩；有时双手伸开，挺起胸膛。这种人达观、大方、不拘小节，慷慨有义气，有创立事业的雄心；但有时会夸大其词，易争执，不肯让人。

9）踏地型

双足落地有声，挺胸，步伐轻快。这种人胸怀大志，富有进取心，理智与感情并重。

10）斯文型

双足平放，双手自然摆动，不扭捏，走起来异常斯文。这种人多胆小、保守，缺乏远大理想，但遇事冷静沉着，不易发怒。

11）冲锋型

举步急速，从不左顾右盼，不论是人群拥挤之地或寂静之地，一样横冲直撞。这种人性格急躁、坦白、喜交谈，不会做对不起朋友的事。

12）踌躇型

举步缓慢，踌躇不前，好像前面布有陷阱似的。这种人软弱，遇事深思熟虑，憨直无诡，重感情，交友谨慎。

13）混乱型

双足、双手挥动不均，步伐长短不齐，频率复杂。这种人善忘、多疑，往往做事不负责任。

14）观望型

行走迟钝，左顾右盼，仿佛做了亏心事。这种人胸无大志，贪小便宜，不善交朋友，喜欢独居生活，工作效率很低。

15）作态型

走路如随风杨柳，左摇右摆，前瞻后顾。这种人好装腔作势，做事不肯负责，气量小，善于谄媚。

16）吊脚型

步姿轻佻，身躯飘浮。这种人狡猾、聪明，但不能善用；不怒形于色，肯帮助别人，却会索取高昂的回报。

在民航服务中，民航服务人员对旅客的服务具有不可重复性、短暂性、生产和消费同时性，这就要求民航服务人员能够在为旅客提供服务时，在短时间内判断出旅客的性格，一般只能根据服务对象的行为、衣着、言语等来进行判断。民航服务人员只有通过细心的观察，长期的积累、总结，反复摸索，才能在服务时迅速、准确地判断出旅客的性格。

2．性格差异与服务

人的气质是影响性格的关键因素，故从气质的角度把旅客分为如下四种类型。

1）活泼型旅客

活泼型旅客初次相识就给人一种随和、好相处的感觉，能创造出一种活泼氛围。他们谈吐诙谐、为人随和、处事果断、性格开朗，对服务人员文明有礼，喜欢像朋友般地相处。

对于此类旅客，民航服务员要乐于相知相助，以此赢得旅客的好感。可以采用积极的服务态度，如推荐一个航空公司的特色服务，或主动介绍当前所乘坐飞机的机型、特点、布局及各项设施的使用方法等，通常均能得到旅客的认同，从而使旅客对航空公司产生好感。

活泼型旅客通常为健谈者，这给民航服务人员创造了很好的与旅客沟通的机会。除民航服务外，民航服务人员还可以和活泼旅客谈及目的地的旅游地理、观赏景点、民俗及交通等方面的内容（但要注意不能影响正常的服务工作），这样不仅方便了旅客，还能使旅客对民航服务人员的热情好客留下深刻的印象。当然，服务的准确性、效率、环境及设施设备的清洁、民航服务人员良好的专业素质，也是活泼型旅客所需要的。

由于活泼型的旅客较善于表达自己的观点，会将自己的服务感受都告诉他们的亲朋好友，因此对航空公司的声誉有着极大的影响力。民航服务人员在向活泼型旅客提供服务时，要确保旅客在离开之前，所有服务中出现的问题都已得到了妥善的解决，否则，将给航空公司带来不好的影响。

2）急躁型旅客

急躁型旅客对服务的要求就是快捷、迅速（以他心里的时间尺度为准）；要求民航服务人员要有问必答；急躁型旅客对民航服务员提出要求时，喜欢以定性的语言，有时还会用手势加强语气；当急躁型旅客对服务不满意时，会表现得异常生气，甚至大声斥责；但他们又心直口快、处事大度，事过就忘。当这类旅客对服务提出投诉时，只要相关人员及时适当地加以解决，他们会转怒为喜，连声称谢。

因此，民航服务人员为急躁型旅客提供服务时，要迅速，评议简练合理。对急躁型旅客提出的任何疑问均给予准确回答。

要想使急躁型旅客对服务满意，民航服务人员还可以额外为旅客做点事，如协助他们安放行李物品；旅客需要休息时，立即递上毯子；当旅客阅读时，及时打开阅读灯等。当旅客得到这些额外的服务时，他们会较其他类型的旅客给予更多的回报，会立即表示出对服务的高度评价。因此，训练有素的民航服务人员可以使急躁型的旅客成为航空公司的忠实客户。

3）稳重型旅客

稳重型的旅客通常老成持重、矜持冷静、少言寡语，不轻易动情，讲究绅士风度。稳重型旅客与民航服务人员交往时喜欢采用互相尊重的态度，即使对服务不满意，也能很好地自控，把握分寸，不失去理智。对待稳重型的旅客，民航服务人员一定要举止端庄、温文尔雅，并经常使用礼貌用语，如在同稳重型旅客交谈前，一定先要说："打扰您了，先生（女士），我可以……"

通常，稳重型旅客对服务的要求很高。虽然稳重型旅客不愿多提要求，但他们内心很可能有许多对服务的主观标准。因此，民航服务人员更要在服务中严格遵循服务程序与标准。严谨的工作作风、专业的服务、恰当的评议等，都有助于提高稳重型旅客对服务的满意度。

在需要服务的旅客较多时，稳重型旅客通常不愿举手召唤服务员以提出服务要求。他们通常采用的方法是"既然服务不周到，就算了"，但他们的内心会产生不悦的情绪。所以，先行预判旅客的需求，在其未提出要求之前采取行动，是为稳重型旅客提供优质服务的行之有效的方法。旅客越多，民航服务人员越要及时观察旅客的情况，主动提供周到的服务。

处理稳重型旅客的投诉，需要一些技巧。因为他们若不是忍无可忍，是不会提出投诉的。所以，这类旅客的投诉最好由当班领导亲自解决，以表示航空公司对他的投诉非常重视，并要保证解决问题的方法和最后结果令旅客满意，只有这样才不会失去旅客。

4）忧郁型旅客

忧郁型旅客的特点是心境冷漠，不想说话，面部没什么表情，有一种消极情绪，内心深处常自我责备，在与人不得已的接触中也流露出回避的态度。

部分忧郁型旅客，虽然他们的心境也是如此，但其对服务则可能表现得很挑剔。有时这种挑剔的行为会冲淡他们内心的不快，或他们用这种挑剔来发泄不满。对待此类旅客，民航服务人员要自始至终抱有不厌其烦的态度，尽可能地为其提供细心、周到的服务。即使旅客对服务的细微之处表现得极为挑剔，民航服务人员也应真诚地表示歉意，并立即改过。只有这样，才会使忧郁型旅客觉得心情舒畅而减少挑剔。同时，表示歉意也是民航服务人员在这种情境下进行自我保护的最好方法。

大部分忧郁型旅客从步入机舱到离开飞机不肯说一句话，对民航服务人员的服务呈完全漠视的态度。他们很可能在感情上严重受挫，更需要别人对他们表达关注与关心。因此，民航服务人员应尽可能地对忧郁型旅客表示友善，多找机会对他们微笑，即使得不到回报，也不要气馁，多尝试。在询问旅客时，要用轻柔和缓的语调。如果他第一次没听见或根本就没有听，可进行适当提示，再用同样的语调重复一遍问题。

4.2.3 民航服务人员的性格培养

米开朗琪罗在雕塑大卫像之前，花了很多时间挑选大理石。因为他知道：他可以改变石头的外形，但他无法改变石头本身的质地和纹理。也许我们每一个人都是自己性格的雕塑师。

性格对民航服务人员来讲十分重要，如何才能不断地塑造自身的良好性格呢？主要有以下几点建议。

1. 不断地提高自己的认知水平

由于各种良好的心理品质的形成都是以认识为基础的，无论是积极心理品质的塑造，还是消极心理品质的矫正，都必须以提高认识、判断和评价水平为突破口。人只有正确识别与评价现实生活中的真善美与假恶丑现象，形成正确的是非观、美丑观和荣辱观，做到既能正确认识、评价社会生活中的人、事、物，也能客观地认识与评价自己，才能不断地提高自己的认知水平。在实践中，我们要掌握如何自觉塑造自己良好性格的方法与途径。

2. 树立一个榜样，发挥榜样的影响力

心中的偶像在人的个性发展中起着一种引领的作用，因此，找准自己的榜样，让自己在模仿榜样的过程中使性格得到完善。

3. 创设融洽的集体环境，形成健康的集体氛围

一个好的集体，对个人完善自身性格的自觉性和积极性都是很有帮助的。坚强而富有生气的集体能够产生一种巨大的精神力量，使人养成良好的性格。这种力量是任何有经验、有能力的个人所无法具备的。

4. 培养健康的生活情趣，保持积极、乐观的心境

一个人偶尔心情不好，不致影响性格；若长期心情不好，对性格就有影响了。例如，长年累月地爱生气、使性子、为一点小事而激动的人，容易形成暴躁易怒、过度敏感、冲动沮丧的性格，这是一种异常情绪型的性格。因此，我们要时刻提示自己乐观地生活，增加愉快的生活体验。

当我们遇到挫折与失败时，不要觉得自己生不逢时，不要归咎于别人，而应当正视现实、面对现实，先承认它，接受它，再想方设法地改变它。"塞翁失马，焉知非福？"想开了，烦恼自会消失。

5. 兴趣广泛，乐于交际，与人和谐相处

兴趣广、爱交际的人，会学到许多知识，有益于性格的形成和发展。但是，与品德不良的人交往也会沾染不良的习气。因此，我们要正确识别、评价周围的人和事。待人、处事，要秉持公正态度。与人相处，时时要互敬、互爱、互谅、互让，尊重别人，诚心地称赞别人，善意地批评别人，热情地帮助别人，努力搞好人与人之间的关系。

此外，性格是由习惯形成的，要塑造良好的性格，还必须养成以下两种习惯。

1. 主动及时沟通的习惯

服务的整个运作过程多是在沟通，要使沟通有效果，民航服务人员必须主动、及时地与旅客进行沟通；有些问题不主动、不及时沟通，就会错失重要信息，还可能使问题拖延，从而产生更大的问题。

2. 承认错误的习惯

"未做事，先做人"，这句话尤其适用于服务岗位，服务人员遇到问题若不从自身检讨，总是用：我以为……，原来……你为什么……等语言推卸责任，寻找借口，有碍个人的成长与发展。正确应对的方法是：无论对方是谁，只要是我的服务对象，都应该先检讨自己：

对不起，这是我的错，我没有沟通好，没有为您提供满意的服务！

对不起，这是我的错，我没有弄明白，现在就改正！

对不起，这是我的错，我没有控制好自己的情绪，使大家闹得不愉快！

对不起，这是我的错，我提供的信息不准确，让您误解了！

对不起，这是我的错，是我耐性不好，没有为您提供满意的服务！

对不起，这是我的错，是我说话发音不准，出现了失误！

多讲一些"对不起，这是我的错！"别人也喜欢，最终你也会高兴的。只有这样，一些问题才能很好地解决。

思考与讨论

（1）简述性格的含义和构成。

（2）如何为不同性格的旅客提供差异化服务？

（3）如何培养自己的性格？

知识拓展

性 格 测 试

目前，世界上的性格测试方法有 2500 种之多，每年创造 4 亿美元的收入，最常用的性格测试方法是应用性格模型通过问卷的形式进行测评。目前应用最广泛的性格模型为 MBTI 模型，这是一种迫选型、自我报告式的性格评估测试，用以衡量和描述人们在获取信息，做出决策，对待生活等方面的心理活动规律和性格类型。

MBTI 是英文 Myers-Briggs Type Indicator 的缩写，可称之为迈尔斯类型指标，是由美国的心理学家 Katherine Cook Briggs（1875—1968）和她的女儿——心理学家 Isabel Briggs Myers 一同研究设计的量表，根据瑞士心理学家荣格提出的性格内、外倾向型，结合英国心理学家培因、法国心理学家李波特等人提出的心理机能与性格分类，及她们对于人类性格差异的长期观察和研究成果而组成。经过了长达 50 多年的研究和发展，MBTI 模型已经成为当今全球最为著名和权威的性格测试依据之一。在世界 500 强企业中，80%的企业都在采用这一模型对员工的性格进行测评，以判断他们是否合适本企业，以及合适的职能部门，成果卓著。

MBTI 倾向显示了人与人之间的差异。

（1）他们把注意力集中在何处，从哪里获得动力（外向、内向）。

（2）他们获取信息的方式（实感、直觉）。

（3）他们做决定的方法（思维、情感）。

（4）他们对外在世界如何取向；通过认知或判断（判断、知觉）。

各对应类型用字母表示如下。

精力支配：外向 E，内向 I。

认识世界：实感 S，直觉 N。

判断事物：思维 T，情感 F。

生活态度：判断 J，知觉 P。

其中两两组合，可以组合成以下 16 种人格类型。

① ESTJ 大男人型 ② ESTP 挑战型 ③ ESFJ 主人型 ④ ESFP 表演型

⑤ ENTJ 将军型 ⑥ ENTP 发明家 ⑦ ENFJ 教育家 ⑧ ENFP 记者型

⑨ ISTJ 公务型 ⑩ ISTP 冒险家 ⑪ ISFJ 照顾型 ⑫ ISFP 艺术家

⑬ INTJ 专家型 ⑭ INTP 学者型 ⑮ INFJ 作家型 ⑯ INFP 哲学家

4.3 能力与民航服务

学习提示

（1）理解能力的概念与分类。

（2）理解能力与才能的区别和联系。

（3）掌握民航服务人员提高能力的途径。

> 学习内容

4.3.1 能力的概念与分类

1. 能力的概念

能力是指顺利完成某一活动所必需的本领。能力是直接影响活动效率,并使活动顺利完成的个性心理特征。能力总是和人完成的一定的活动联系在一起的。

首先,能力是和活动紧密相连的,离开了具体的活动,能力就无法形成和体现。一个有绘画能力的人,只有在与绘画相关的活动中才能显示自己的能力;一个教师的组织能力,只有在教育、教学活动中才能显现。我们只有通过活动才能了解一个人能力的大小。

其次,能力是顺利完成某种活动直接有效的心理特征,而不是顺利完成某种活动的全部心理条件。因为,顺利完成某种活动受许多主观因素和客观因素的影响,如知识经验、性格特征、兴趣与爱好等,但这些因素都不直接影响活动的效率,不直接决定活动的完成情况,只有能力才有这种作用,它是个体完成某种活动所必备的心理特征。例如,思维的敏捷性和言语表达的逻辑性,是直接影响教师能否顺利地完成教学任务的能力因素,如果缺乏这种能力因素,教师就无法顺利有效地完成教学任务。

2. 能力与才能

能力与人的大脑的机能有关,它主要侧重于人在实践活动中的表现,即顺利地完成某一活动所具备的稳定的个性心理特征;能力是人在运用智力、知识、技能的过程中,经过反复训练而获得的。能力是人依靠自我的智力和知识、技能等认识和改造世界所表现出来的身心能量。

顺利完成某种活动,单凭一种能力是不够的,必须靠多种能力的结合。通过人的各种能力的有机结合,引起质的变化的能力称为才能。说一个人有才能,意味着他能将从事某项活动所必需的各种能力进行综合运用,从而取得很好的效果。才能常以活动的名称来命名,如音乐才能、管理才能、教学才能等。

才能的高度发展,人创造性地完成任务的能力称为天才。如果人完成各种活动所必备的各种能力得到最充分的发挥和最完美的结合,并能创造性地完成相应的活动,就表明这个人具有从事这项活动的天才。

3. 能力的分类

以下将能力按不同标准进行分类。

1) 一般能力和特殊能力

这是以能力所表现的活动领域的不同进行划分的。一般能力,是指在进行各种活

98

动时必须具备的基本能力。它保证人们有效地认识世界,也称智力。智力包括个体在认识活动中所必须具备的各种能力,如感知能力(观察力)、记忆力、想象力、思维能力、注意力等。其中,抽象思维能力是智力的核心,抽象思维能力制约着能力发挥的水平。

特殊能力又称专门能力,是顺利完成某种专门活动所必备的能力,如音乐能力、绘画能力、数学能力、运动能力等。各种特殊能力都有自己的独特结构,如音乐能力就是由四种基本要素构成:音乐的感知能力、音乐的记忆和想象能力、音乐的情感能力、音乐的动作能力。这些要素的不同结合方式,就构成不同音乐家独特的音乐能力。

一般能力和特殊能力是互相关联的。一方面,一般能力在某种特殊活动中得到特别发挥时,就可能成为特殊能力的重要组成部分。例如,人的一般听觉能力既存在于音乐能力中,也存在于言语能力中。没有一般听觉能力的发挥,人就不可能发挥言语能力中和音乐能力中的听觉能力;另一方面,人在发挥特殊能力的同时,也发挥了一般能力。观察力属于一般能力,但在画家的身上,由于其绘画能力的超常发挥,其对事物一般的观察力也相应增强。人在完成某种活动时,常需要一般能力和特殊能力的共同参与。

总之,一般能力的发挥为特殊能力的发挥提供了更好的内部条件,而特殊能力的发挥也会促进一般能力的发挥。

2)再造能力和创造能力

这是按活动中能力的创造性的大小进行划分的。再造能力是指人在活动中顺利地掌握前人所积累的知识、技能,并按现有的模式进行活动的能力,这种能力有利于学习活动的开展。人们在学习活动中的认知、记忆、操作能力多属于再造能力;创造能力是指人在活动中创造出独特的、新颖的、有社会价值的产品的能力。

再造能力和创造能力是互相联系的。再造能力是创造能力的基础,任何创造活动都不可能凭空产生。因此,为了发挥创造能力,我们应虚心地学习、模仿、再创造。在实际活动中,这两种能力是相互渗透的。

3)认知能力和元认知能力

认知能力和元认知能力是按活动的认知对象来划分的。认知能力,是指个体接收信息、加工信息和运用信息的能力,它表现在人对客观世界的认识活动之中;元认知能力,是指个体对自己的认识过程进行的认知和控制能力,它表现为人对内心正在发生的认知活动的认识、体验和监控。

认知能力的对象是信息,而元认知能力的对象是认知活动本身,它包括个人怎样评价自己的认知活动,怎样从已知的可能性中选择解决问题的方法,怎样集中注意力,怎样及时决定停止做一件困难的工作,怎样判断自己的能力是否与目标相匹配等。

4.3.2 全面提高服务能力

1. 培养良好的观察能力

观察是指一种有目的的、有计划的知觉。人们对现实事物感性认知的一种主观的、与思维、语言、注意力等心理活动紧密结合的、复杂的智力活动。

民航服务人员观察能力，主要是指民航服务人员通过观察旅客外部表现去了解旅客心理的一种能力。具有敏锐而深刻的观察能力，是一个优秀的民航服务人员所不可缺少的重要的心理品质。

观察能力的培养可从以下几个方面入手。

1）明确观察的目的、任务

观察的目的、任务越具体，收效就越大。例如，民航服务人员明确了巡视客舱的目的与意义以后，其观察更加仔细，可以从旅客的服装、言行等，区分旅客不同的国籍、职业、个性，并根据旅客的不同的特点对其进行针对性的服务。

2）在观察中要细心

因旅客的性格各有不同，有的旅客喜怒形于色，有的旅客则喜怒不形于色。他们的言谈举止、兴趣、爱好、气质等各有差异，这就需要民航服务人员善于从旅客的一个眼神、一个细微的动作或只言片语中揣测他们的心理变化。

3）善于整理、总结经验

具有良好观察能力的民航服务人员要不断地总结工作中成功与失败的观察经验，通过整理和总结，找出旅客之间的共同点与不同点，以便提供有针对性的服务，提高服务质量。

2. 培养良好的注意力

注意力指心理活动对一定对象的指向和集中。注意力的指向指人们的心理活动有选择地指向一定的对象，而同时离开其余的对象。注意力的集中指人们的心理活动不仅指向某种事物，而且坚持在这一对象上使注意活动不断深入。

民航服务人员的注意力可从以下几个方面进行培养。

1）明确服务工作的意义，提高民航服务人员对工作的兴趣

对服务工作的意义理解得越透彻，完成任务的愿望就越强烈，就越能将注意力稳定地集中在某项事物上。提高对工作的兴趣，有助于民航服务人员努力完成任务，也能提高民航服务人员的注意力的稳定性。

2）注意排除各种干扰

干扰可能来自外界，也可能来自自身，但不论怎样都需要民航服务人员在服务过程中保持自己注意力的稳定性，只有保持注意力的稳定性，才能避免在工作中出现差错。

3）合理、灵活地分配注意力

扩大注意的范围，做到"眼观六路、耳听八方"，合理地分配注意力，并根据需要，灵活地分配注意力，及时将注意力转移到新的对象上。

3. 提高表达能力

在服务过程中，民航服务人员的表达能力的强弱直接关系到服务的成功与失败，关系到服务的质量。

1）准确应用非语言工具

掌握非语言工具，如手势、目光、表情等的使用。

2）语言工具的使用

民航服务人员的语言应该文明礼貌、真挚和善，能使旅客产生发自内心的好感。首先，民航服务人员要使用规范的或被普遍认可的语言形式，正确地用词、发音，尽量少用专业用语；其次，民航服务人员要简明扼要地表达自己思想，语言具体准确，并注意说话的时长；民航服务人员可通过定义、举例、比较、对照等手段表达观点；民航服务人员说话要有条理性，注意前后联系和善于归类。

4. 提高倾听的能力

人在交往中，听的时间几乎占到40%~50%。由此可见，"听"在交往中占了重要地位，善于倾听可以使人获得信息、减少误会。民航服务人员具备良好的倾听能力的表现如下。

1）倾听过程中的语言技巧

民航服务人员在与旅客沟通时，不仅要仔细听，还应适当地进行提问、复述，恰当地表述自己的理解，这样才能提高倾听的效果。

2）倾听过程中的非语言技巧

在倾听时，民航服务人员利用恰当的身体活动、手势、积极的面部表情、适当的目光接触对提高沟通的效果是非常必要的，旅客在叙述时也会感到轻松、心情愉悦，使沟通的效果更好。

思考与讨论

（1）简述能力的概念、分类。

（2）简述能力与才能的区别联系。

（3）谈谈民航服务人员提高能力的途径有哪些？

知识拓展

影响能力的形成与发展的因素

能力的形成与发展受多种因素的影响，既包括先天素质，也包括后天因素。其中，后天因素主要指对先天素质产生影响的环境、教育和实践活动等。实际上，能力就是这些因素交织在一起相互作用的结果。

1. 先天素质的影响

先天素质是人们与生俱来的生理特点，它包括感觉器官、运动器官及神经系统和脑的特点，是能力形成和发展的自然前提和物质基础。没有这个基础，任何能力都无从产生，也不可能发展。

神经系统是先天素质的重要组成部分，它的特性（强度、灵活性、平衡性）对能力的形成是有影响的，如神经系统的强度水平影响人的注意力集中的程度和持续的时间，并与人的学习能力有关；神经系统的平衡性影响注意力的分配；神经系统的灵活性影响知觉的广度。

我们承认先天素质在能力形成过程中的作用，并承认先天素质具有遗传性，但并不能由此得出能力（主要指智力）是由遗传决定的结论。

第一，先天素质本身就不完全是通过遗传获得的，有些是因在胎儿期，由于母体环境各种变异的影响，如孕妇的营养、疾病、药物和受到辐射等，给人的智力的形成和发展带来危害。

第二，先天素质只能为能力提供形成与发展的可能性，并不能预定或决定能力的发展方向。例如，人的手指长短是由遗传因素决定的，手指修长为个体学弹钢琴提供了良好的先天条件，但这不能决定个体将来就一定能成为钢琴家，因为成为钢琴家还需要许多主观因素和客观因素的相互作用。又如，个子矮的人不利于在排球场上拦网，但其如有较好的弹跳力，又灵活，就能补偿个子矮这一无法改变的先天素质条件而成为出色的拦网手，所以先天素质并不等于能力本身。

第三，同样的先天素质可能发展多种不同的能力，而良好的先天素质由于没有受到良好的培养和训练，能力也不能得到良好的形成和发展。

2. 环境、教育对能力的形成与发展的影响

1）产前环境及营养状况的影响

胎儿生活在母体的环境中，这种环境对胎儿的生长发育及出生后智力的发展有重要的影响。许多研究表明：母亲怀孕期间服药、患病、大量吸烟、遭受过多的辐射、营养不良等，能造成染色体受损或影响胎儿的细胞数量，使胎儿的发育受到影响，甚至直接影响婴儿的智力发展。

2）早期教育的作用

在儿童成长的整个过程中，智力的发展速度是不均衡的，往往是先快后慢。美国著名的心理学家布卢姆对近千人进行追踪研究后，提出这样的假说：五岁前是儿童智力发展最为迅速的时期。日本学者木村久一提出了智慧发展的递减规律，他认为：生下来就具有100分能力的人，如果一出生就得到最恰当的教育，那么就可以成为有100分能力

的人；如果人从五岁才得到最恰当的教育，那么就只能具有 80 分能力；如果人从十岁才开始教育，就只能成为有 60 分能力的人。可见，早期教育是影响人能力的形成和发展的重要因素。

3）教育条件的影响

一个人朝什么方向发展，发展水平的高低、速度的快慢，主要取决于后天的教育条件。家庭环境、生活方式，家庭成员的职业、文化修养、兴趣、爱好及家长对孩子的教育方法与态度，对儿童能力的形成与发展有极大的影响。例如，歌德小时候，他的父亲就对他进行了有计划的、多方面的教育，经常带他参观城市建筑物，并向其讲解城市的历史，以培养他对美的欣赏和对历史的兴趣；他的母亲也常给他讲故事，每讲到关键之处便停下来，留给歌德想象的空间，待歌德说出自己的想法后，母亲再继续讲。歌德从小就受到良好的家庭教育，这为他能成为世界著名的诗人打下了基础。

在教育条件中，学校教育在学生能力发展中则起主导作用。学校教育是有计划、有组织、有目的地对学生施加影响，因此，学校教育不但可以使学生掌握知识和技能，而且在学习和训练的同时促进了其能力的形成和发展。在教育教学中，发展学生的能力并不是无条件的，而是依赖教师对教育教学内容的正确选择、教学过程的合理安排、教学方法的恰当使用等。

3. 实践活动的影响

实践活动是人与客观现实相互作用的过程，是人所特有的积极主动的运动形式。前面提到的先天素质、环境、教育是能力形成的重要因素，但这些因素只有在实践活动中才能影响能力的形成与发展，因此，实践活动是能力形成与发展的必要条件。

我国汉代唯物主义哲学家王充就曾提出过"施用累能"和"科用累能"的思想。前者是说能力是在使用中积累的，后者指人从事不同职业活动可以积累不同的能力。例如，油漆工在长期的工作中，辨别漆色的能力得到充分的发展，他们可以分辨的漆色达四五百种；陶器和瓷器工人的听觉很灵敏，他们可以根据轻敲制品时发出的声音，来确定器皿质量的优劣。同样的道理，人的自学能力是在学习活动中形成与发展的；人的组织能力也是在长期的社会实践中逐渐形成的。人的各种能力，脱离了具体的实践活动是无从提高和发展的。

4. 其他个性因素的影响

环境和教育是能力形成与发展的外部条件，而外因必须通过内因起作用。一个人要想发展能力，除必须积极地投入实践外，还要充分发挥自身的主观能动性。

许多学者和有成就的人指出：人的智慧同坚强的信念、崇高的理想联系在一起。没有理想和信念，人在发展能力时就缺乏强大的动力；兴趣和爱好是促使人们探索、实践，进而发展各种能力的重要条件。

高尔基说过：才能不是别的什么东西，而是对事业的热爱。当人们沉迷于自己感兴趣的工作时，就会给能力的发展提供巨大的内部力量；勤奋与坚强的毅力也是能力得以发展所不可缺少的性格因素。歌德说过：天才就是勤奋。著名的物理学家爱因斯坦在向别人介绍自己的成功经验时写下了一个公式：

$$A = X + Y + Z$$

式中：A 代表成功；X 代表艰苦的劳动；Y 代表正确的方法；Z 代表少说空话。

从这个公式看出，爱因斯坦把自己的成功归结于多种因素的结合，但勤奋是最重要的因素，因此把它放在首位。

第 5 章　民航服务与群体心理

本章导读

民航服务首要的任务是要了解旅客和自身的一般心理过程，在民航服务过程中常会涉及民航服务人员所服务的群体本身特有的心理现象。通过学习群体心理，可以增强民航服务人员服务意识和服务能力，从而使民航服务工作质量得到根本性的提高。

案例导入

被激怒的旅客

某航班延误，造成170多名旅客滞留昆明机场，延误原因和时限无人向旅客详细说明，也没有民航服务人员照料旅客的餐饮和住宿，所有旅客只能在飞机上或候机厅中过夜。第二天，大批滞留旅客与机场维持秩序的警察发生肢体冲突，打砸机场内的电脑，现场一片混乱，致使航班一延再延。显然，航班延误后的服务与机场的群体性事件存在着直接的因果关系。

（资料来源：张欣. 民航资源网，2005）

5.1　旅客群体心理

学习提示

1. 了解群体心理的概念及影响。
2. 掌握民航旅客群体的特点。
3. 理解群体心理对服务工作的意义。

学习内容

5.1.1 群体心理概述

1. 群体心理

群体心理学，是研究结成群体的人们的心理现象、心理活动的社会心理学的分支。社会群体生活是人们的基本生活方式，因此，人们在社会生活中发展出来的群体心理，就成为社会心理学研究的主要组成部分。早期社会心理学偏重于研究民族、群众这样一些大型群体的相关问题。在第一次世界大战后，实验被用于社会心理学研究，使社会心理学中的群体研究转而侧重于小型群体问题。围绕小群体问题的研究大致可以归纳为以下几个方面：社会促进和社会抑制、顺从、群体凝聚力及其测量、群体领导问题；群体思维、群体决策、群体极端化等。群体心理的影响表现在以下几个方面。

1）社会助长作用

当个体处于群体中时，群体对个体的积极反应或消极反应都会有增强作用。这一现象的出现主要是以下三个因素导致的：评价顾忌、分心及纯粹在场。人们通常想知道别人是如何评价自己的，这种接受别人评论的意识会干扰熟练掌握的行为。当我们考虑共事者在做什么或者观众怎么反应的时候，我们已经分心了。注意他人和注意任务之间的矛盾会给认知系统带来负荷。扎伊翁茨认为，即使在没有评价顾忌和分心的情况下，他人"纯粹在场"也会对个体产生影响。

2）社会懈怠

法国工程师林格曼发现，在团体拔河中集体的努力仅有个人单独努力总和的一半。实际上，在集体任务中小组成员的努力程度反而比较小，这就是社会懈怠，拉坦、威廉姆斯和哈金斯等研究者注意到：六个人一起尽全力叫喊或鼓掌所发出的喧闹声还没有一个人单独所发出喧闹声的3倍响亮。有趣的是，所有被试者都承认发生了懈怠，但是没有一个人承认是自己制造了懈怠。在社会懈怠实验中，个体认为只有他们单独进行操作时才会受到评价。群体情境降低了个体的评价顾忌。如果人们不用单独为了某件事负责或者不会被单独进行评价时，群体内成员的责任感会被分散。如果不考虑个人贡献，而是在群体内一味地实行平均主义，那么群体内"搭便车"的行为就会出现。

3）去个体化

当个体的身份被隐藏，就会出现去个体化现象，并且当个体所在的群体越大时，去个体化程度就越大。群体活动有时候还会引发一些失控的行为，群体能对个体产生社会助长作用，同时也能使个体身份模糊。这种匿名性是人们自我意识减弱，群体意识增强的表现。在群体中，如果人们看到别人和自己做同样行为时，会对自己做出冲动性的举动产生一种自我强化的愉悦感。当看到别人和自己做得一样时，人们会认为他们也和自己想的一样，因而这又会强化自己的感受。

2. 群体心理效应

群体心理是群体成员在相互作用、相互影响下形成的心理活动。所有复杂的管理活动都涉及群体，没有群体成员的共同努力，组织的目标就难以实现。人不能离群索居，一个人如果离群索居久了，很容易对这个世界变得迟钝。一个现实的人，要生活在社会人际环境中，受到政治、经济、民族、信仰、社区、年龄、性别、职业等诸多方面因素的影响，总要与相关的人形成社会关系，参加一定的群体活动。而且，一个人通常不只属于一个群体，其同时属于若干个群体。群体生活是人们的基本生活方式，这样，在一个群体中，群体规定、群体决策、群体动力对人们的行为会产生较大的影响，形成群体心理效应。

1）首因效应

首因效应就是人留下的"第一印象"。群体心理中的首因效应指的是在群体生活中，首先进入个体意识的信息，在某种程度上，对个体对群体的印象起着决定性的作用。在交往中执着于第一印象，就会出现先入为主，忽视或否定随后出现的新信息的现象，影响交往的正常进行。我们在群体中获得的信息往往成为以后认知与理解的重要根据，也会使个体在第一次获取少量的信息后，就动用个体以往的知识经验对这部分信息进行加工处理，从而分析、综合、比较，形成系统的理解。由于首因效应的影响，个体后来接收的信息往往被忽视，或者被认为是"不真实的"而被否定。

2）定势效应

定势效应是指有准备的心理状态能影响后面行动的趋向、程度及方式。根据定势理论的发展，人们在感觉、知觉、记忆和思维方式、态度等方面的倾向表现为刻板效应和晕轮效应。例如，在民航旅客群体中，旅客来自四面八方，不同年龄、不同职业、不同社会地位、不同地区、不同国家、不同性别的人，在人们头脑中都有一个"刻板印象"。定势效应是指个人受各方面影响而对某些人或事持稳定不变的看法。例如"戴眼镜的人一般都是知识分子""女人一般都比较心细""北方人一定是性格豪爽的"等，这都是个体根据过去有限的经验进行主观推断而造成的刻板印象。

3）暗示效应

暗示效应也叫巴纳姆效应，巴纳姆效应是1948年由心理学家伯特伦·福勒试验证明的一种心理学现象，以杂技师巴纳姆的名字命名。暗示效应认为每个人都会很容易相信一个笼统的、一般性的人格描述特别适合其自身。即使这种描述十分空洞，其仍然认为该描述反映了自己的人格面貌，哪怕自己根本不是这种人。一般说来，儿童比成人更容易接受暗示。其实生活中每个人经常使用着暗示，或自我暗示、或暗示别人、或接受别人的暗示。人如果拥有积极的心态，能得到积极的暗示，如热情、对他人有力的支持等，使他人得到温暖，得到战胜困难的力量。反之，人如果拥有消极的心态，如难过、抱怨、退缩、萎靡不振等，使人受到消极暗示的影响，那么人承受的不仅仅是暗示带来的痛苦与压力，而且还会影响到人的身体健康。生活在群体中的每一个人，常受到各种各样的暗示，如语言暗示、表情与动作暗示、行为暗示、情境暗示等。

4）从众效应

从众效应是指人们不自觉地以大多数人的意见为指导，从而做出带有倾向性的判断、形成基本印象的心理变化过程。例如，在旅游过程中，10人为一个团队，其中有6个人说到某个地方不好玩，其他4个人听后就信以为真，这种在一个群体中容易不加理性地分析，就接受大多数人认同的观点或行为的心理倾向被称为从众效应。通常情况下，多数人的意见往往是对的。少数服从多数，一般是不错的；但不顾对错地一概服从多数，随大流，则是不可取的，是消极的"盲目从众心理"。一般说来，群体人员的行为，通常具有跟从群体的倾向性。当某人发现自己的行为和意见与所在的群体中的成员不一致，或与群体中大多数人有分歧时，会感受到一种压力，这促使其趋向于与群体保持一致，在民航服务中，当人们对群体事件不加分析地随大流，出现"从众"行为，很容易引发群体冲突事件。

学者阿曾进行过从众心理实验，实验结果显示，在测试的人群中仅有1/4～1/3的被试者没有发生从众行为，保持了个人的独立性。可见它是一种常见的心理现象。从众性强的人缺乏主见，易受暗示，并见诸行动。当然人们拥有从众心理的原因也是多方面的。

（1）群体因素：群体的一致性、群体的规模大、群体的凝聚力强，个人的观念和行为由于受到群体观念和行为的影响而产生从众行为。

（2）环境因素：在某些特殊的社会环境、文化环境、家庭环境中，个人的行为方式会受到群体的影响，从而使个人形成某些倾向的社会心理，鼓励人们向大多数人看齐，而对与众不同的个人观点和行为持反对态度。

（3）个人因素：从众心理的形成与个人性格特征、性别差异、教育背景等方面有一定的关系。一般来说自信心不足，性格比较老实、胆小怕事、没有主见、意志薄弱者较易拥有从众心理。女性比男性容易拥有从众心理；不同教育背景的人，其从众表现有一定差别。就个人从众行为的发生看，从众可能是盲目的，也可能是自觉的；可能是表面的顺从，也可能是内心层面的接受。而就其意义说，从众可能是消极的，也可能是积极的。

从众行为在某些场合和条件下有一定的积极意义，如可以增强群体的凝聚力和战斗力。但从众行为的消极作用也是显而易见的，它往往使人陷入盲从。尤其对于知识、经验都不足，自制力又不强的青少年，盲目地从众会影响其价值观的形成。

5.1.2 掌握民航旅客群体的特点

群体心理具有以下四个特征。

1. 认同意识

不管是正式群体的成员还是非正式群体的成员，他们都有认同群体的观念和意识，即不否认自己是该群体的成员。他们对自己群体的目标有一致的认识，认同群体的规范，并在此基础上产生自觉自愿的行动，对重大事件和原则问题保持共同的认识和评价。当然，每个群体内部的认同程度是不一样的，一般来说大群体内部的认同程度相对要低一些，而小群体内部的认同程度相对要高一些。

2. 归属意识

归属意识是群体成员的共同心理特征，即个体有依赖群体的要求。但是，归属意识里面有个自愿感和被迫感的问题。非正式群体成员的归属意识是自愿的归属意识，而正式群体成员的归属意识则不确定，可能是自愿的，也可能是被迫的：个人的优势在正式群体中得不到充分的发挥，就可能对归属于该群体产生被迫感。这是一种和被迫感并存的归属意识。在这种情况下，该成员首先要考虑的不是我应该为群体做些什么，而是要考虑我归属于这个群体了，群体应该为我负责。所以同样是归属意识，自愿的归属意识有利于增强凝聚力，而被迫的归属意识则增强群体的离散性。

3. 整体意识

群体成员意识到群体有其整体性，但是群体成员的整体意识程度不同，其行为表现不同。一般说来，群体成员的整体意识越强，其维护群体的意识也越强，其行为具有和群体其他成员的一致性；反之，群体成员的整体意识越弱，其维护群体的意识也越弱，其行为具有或强或弱的独立性。但是也有相反的情况。正因为群体成员的整体意识强，所以在发现群体其他成员的行为有害于整体时便会持反对态度，和其他群体成员的行为不一致；正因为群体成员的整体意识弱，所以采取不负责任的态度，和群体其他成员的行为保持一致。所以整体意识和行为一致是两个互相联系的问题，但不是同一个问题，我们不能简单地把行为独立性强的人等同于没有整体意识或整体意识淡薄。

4. 排外意识

排外意识，是指一个群体的成员排斥其他群体的成员的意识。群体具有相对独立性，群体成员具有整体意识，就必然在不同程度上产生排外意识。排外意识是和群体成员把自己看作哪一个群体的成员，或者说其更倾向于把自己看作哪一个群体的成员相联系的。越是把自己看作小群体的成员，其排外意识就越是强烈。因此，"外人"也就更难进入小群体。这反过来也说明，人们往往更重视小群体的利益。

总之，群体以社会关系为联结，群体成员为了共同的目标，长期在一起获得一种集体心理。这种集体心理促使他们的情感、观点和行为变得与他们单独一人时的情感、观点和行为有所不同。

5.1.3 群体心理对航空服务工作的意义

1. 准确的群体认知有利于搭建服务平台

了解群体心理除有助于民航服务人员对群体心理现象和行为做出描述性解释外，它还向我们指出了心理活动产生和发展变化的规律。人的心理特征具有相当的稳定性，但同时也具有一定的可塑性。因此，我们可以在一定范围内对自身和群体成员的行为进行预测和调整，也可以通过改变内在因素和外在因素实现对行为的调控。也就是说，我们可以尽量消除不利因素，创设有利情境，引发自己和他人的积极行为。例如，当我们发现自己存在一些冲突时，就可以运用心理活动规律，找到诱发这些行为的内在因素和外在因素，积极地创造条件改变这些因素对行为的影响，实现对自身行为的改造。再如，奖励和惩罚就是利用正向强化和负向强化的原理，在培养儿童的良好习惯和改变儿童的不良行为与习惯方面发挥着重要的作用。

2. 了解群体心态有利于服务质量的提升

随着经济的不断发展，交通运输在经济中所起的作用也越来越突出，其中航空运输业的出现和不断发展方便了人们的出行，在节约了时间的同时，提高了经济效益，促进了经济的发展。民航业是服务行业，但它却是一个非常特殊的服务业。它的服务对象不仅仅是个体消费者，还有旅客群体，许多航空公司就航班遭遇危机时的服务也制定了不少的规章制度，对旅客也做出了形形色色的承诺，可是，效果并不如预期，民航人员在强调服务心理学的时候，一直忽略了一个旅客非常重要的心态——群体心态。所以，群体心态和群体行为将直接影响民航服务的质量。分析、研究群体心态，重视群体心态的影响，对民航服务来说尤为重要。

思考与讨论

1. 群体心理特征有哪些？
2. 谈一谈在工作中如何理解群体效应并做好航空服务工作。

5.2 团 队

学习提示

1. 了解团队的定义、概念及其重要性。

2. 掌握团队建设心理机制及方法。
3. 培养民航服务人员的团体合作意识。

学习内容

5.2.1 团队概述

1. 团队的定义

团队的相关概念如下。

管理学家斯蒂芬·P. 罗宾斯认为：团队就是由两个或者两个以上的，相互作用、相互依赖的个体，为了特定目标而按照一定规则结合在一起的组织。在这个定义中明确规定了团队成员的下限，它不是单独的一个个体，而是至少由两个个体构成的。团队是由基层和管理层人员组成的一个共同体，它合理利用每一个成员的知识和技能协同工作来解决问题，以达到共同的目标。团队的构成要素可以总结为5P，即目标（Purpose）、人（People）、定位（Place）、权限（Power）、计划（Plan）。

1) 目标

一个团队应该有一个既定的目标，引领团队前进，让团队成员知道要往何处去，没有目标，团队就没有存在的价值。

自然界中有一种昆虫很喜欢吃三叶草（也叫鸡公叶），这种昆虫在吃食物的时候都是成群结队的，第一只趴在第二只的身上，第二只趴在第三只的身上，由一只昆虫带队去寻找食物，这些昆虫连接起来就像一节一节的火车车厢。管理学家做了一个实验，把这些像火车车厢一样的昆虫连在一起，组成一个圆圈，然后在圆圈中放了它们喜欢吃的三叶草。结果它们爬得精疲力竭也吃不到这些三叶草。

这个例子说明在团队失去目标后，团队成员就不知道往何处去，这个团队存在的价值可能就要打折扣。团队的目标必须与组织的目标一致。此外，我们还可以把大目标分成小目标，再将这些小目标分到各个团队成员身上，大家合力实现这个共同的目标。同时，目标还应该有效地向大众传播，让团队内外的人都知道这些目标，有时甚至可以把目标贴在团队成员的办公桌上、会议室里，以此激励所有人为这个目标去工作。

2) 人

人是构成团队最核心的力量，两个（包含两个）以上的人就可以构成团队。目标是通过人来实现的，所以人员的选择是团队组建过程中非常重要的一个部分。在一个团队中可能需要有人出主意，有人制订计划，有人实施计划，有人协调不同的人一起工作，还有人去监督团队工作的进展，评价团队最终的贡献。不同的人通过分工来共同完成团队的目标，在人员选择方面要考虑人员的能力如何，技能是否互补，人员的经验是否充足。

3）定位

团队的定位：团队在企业中处于什么位置？由谁选择和决定团队的成员？团队最终应对谁负责，团队采取什么方式激励下属？个体的定位：作为成员在团队中应扮演什么角色？

4）权限

团队中领导者的权力的大小与团队的发展阶段相关，一般来说，团队越成熟，其领导者所拥有的权力相应越小，在团队发展的初期阶段，领导权相对比较集中。团队权限涉及两个方面：

（1）整个团队在组织中拥有什么决定权？例如，财务决定权、人事决定权、信息决定权。

（2）组织的基本特征。例如，组织的规模有多大？团队成员的数量是否足够多？组织对团队的授权是什么？团队的业务都有哪些类型？

5）计划

计划有两层含义。

（1）目标最终的实现，需要一系列具体的行动方案，我们可以把计划理解成目标的具体工作程序。

（2）提前按计划进行可以保证团队的工作进度。只有在计划的引领下，团队成员才会一步一步地贴近目标，进而最终实现目标。

2. 团队建设的重要性

1）实现团队价值的最大化

对于一个企业来说，团队建设的最大意义就在于通过建设团队的优良品质，实现团队价值的最大化，从而为企业带来更好的发展机会。单打独斗的时代已经过去，团队协作变得越来越重要。我们也常常说"团结就是力量"，在现在市场经济转型和参与国际竞争的大背景下，弘扬团结协作精神对于建设好一个组织、一个企业、一个部门有极其重要的意义。作为职场中的个体，你可以凭借自己的才能，取得一定的成绩，但你绝对无法取得更大的成功。如果一个人总是采用"自我封闭"的工作方式，不愿与别人共同分享团队合作的果实，那么他就无法顺利开展自己的工作。这不仅对部门来说是损失，对其个人来说也是一种损失。如果一个人善于合作，能将自己融入团队，依靠集体的力量，那么他就能完成个人无法完成的工作任务。一个优秀的企业势必要有一个高绩效的团队。

2）团队建设可以提高工作效率

成员之间的互相交流可以使更多的经验和看法被分享，可以实现资源共享和信息共享，提高信息传递的速度与质量，这样更利于创新和团队成员共同面对各种难题。例

如，大雁飞行队列呈"V"字形，这比孤雁单飞节省了约71%的飞行能量。每只大雁在振翅高飞的同时，也为后面的队友提供升力，这种省力的飞行模式让每只雁最大限度地节省了能量。"没有完美的个人，只有完美的团队"，团队之所以完美，靠的是团队成员携手并进，不放弃机会、不抛弃队友的团队精神。团队精神，是团队中每个成员都认可的一种集体意识。如果一个企业拥有这样的精神，可顺利地开展各项工作，提升整个企业的工作效率。

3) 团队成员间可以实现优势互补

团队建设能提高成员的应变能力。因为在团队中成员们拥有一个自由宽松的环境和更大的活动空间，所以团队成员在对待变化中的事物和需求时，表现得更为灵活而敏捷，团队成员能用比个人更为快速、准确和有效的方法，根据新的信息和挑战调整相应的工作策略，以便于企业应对各种各样的变化。团队是个体的归宿，个体是团队的基础。人无完人，每个人的能力都是有限的，善于与人协调合作，取人之长、补己之短往往能够达到更好的效果。在团队合作的过程中，团队成员还可以相互学习对方的长处，弥补自己的不足，从长远来看，这不仅有利于团队的成长，也有利于个人的成长。唐僧的取经团队就是一个很好的例证。在这个团队中，每个成员都有自己非常鲜明的个性，也有自己非常明确的任务。这个团队的领队唐僧虽然文弱，却能够号召所有团队成员并把他们管得服服帖帖的；孙悟空虽然脾气不好，却是团队中的业务骨干，是排除西天取经路上各种困难的主力；猪八戒虽然好吃懒做且好色，却幽默善于打交道，是团队中的润滑剂；沙僧老实本分，承担着所有行李的搬运工作；白龙马充当了去西天路上唐僧的重要交通工具。从唐僧的取经团队当中我们可以看到，每个成员都有其优点和缺点，他们扬长避短，才取得了最终的成功。

5.2.2 团队建设的心理机制及方法

1. 团队建设的心理机制

1) 心理相容性

心理相容性是群体成员的一种人际心理特征，指人与人之间在心理上容纳其他人员，能互为对方所接受、认同的程度，以及顺应时势变迁的程度。心理相容性作为群体心理学中的概念，是以群体共同活动为中介的对共同的活动动机、目标和价值的认同，是团体内部建立协调关系、形成凝聚力的心理基础。心理相容性是群体成员之间心理上的相互理解、容纳和协调，是成员产生相同感受的基础。人们观点和信念的一致性是心理相容产生的最主要的原因，而群体内成员相互之间物质利益分配的合理性是心理相容的根源。

2) 认知相同

认知是指人们获得知识或应用知识的过程，或信息加工的过程，这是人的最基本的心理过程。它包括感觉、知觉、记忆、思维、想象和语言等。人脑接受外界输入的信息，经过头脑的加工处理，转换成内在的心理活动，进而支配人的行为，这个过程就是信息加工的过程，也就是认知过程。建立团队，最重要的是团队成员在认知上形成一种强烈的、积极的归属感。

3）情绪认同

情绪认同是社会心理学中的重要概念之一。乌曼斯基则通过实验证明，群体情绪认同不仅是群体中人际关系发展水平的标志，而且有效的群体情绪认同可以改变群体成员的行为。

4）信念相同

团队成员通过确立一种共同信仰或观念，可以形成协调一致的社会表现。共同的信念可以成为人们决定是否采取行动的有力的影响因素。

5）参与心理

无论在工作积极性、责任感，还是生产效益方面，团队成员参与管理对生产与工作都有其独特的影响。对于自我管理型团队来讲，其工作基础之一就是成员的参与。

综上所述，团队建设的心理机制，首先是使成员"属于"这个团体，其次是使成员"分享"和"表现"这个团队。

2. 团队建设的方法

航空企业的团队建设涉及的因素是多方面的，如管理层的认知与态度，相关管理规章制度，团队人员的目标导向，责任心、沟通能力、互相理解、执行力等。下面从现代企业管理中团队建设的几个核心要素谈起。

1）培养团队目标意识

团队建设的重点是培养团队的核心成员，团队管理层中的成员应具备领导者的基本素质和能力，不仅要知道团队发展的规划，还要参与团队目标的制定与实施，使团队成员既了解团队发展的方向，又能在行动上与团队发展方向保持一致。大家同心同德、心往一处想，劲往一处使。团队的存在必然有其明确的目标，它需要一种把个人需求和组织目标结合起来的管理方法。调动了组织成员的主动性、创造性和积极性，将个人利益和组织利益紧密地联系起来，才能鼓舞士气，极大地激励组织成员为实现目标而努力。明确的团队目标是全体成员奋斗的方向和动力，也是感召全体成员精诚合作的一面旗帜，具有很好的激励作用。管理层中的成员在制定团队目标时，需要明确本团队目前的实际情况，如团队处在哪个发展阶段？组建阶段、上升阶段，还是稳固阶段？团队成员存在哪些不足？需要什么帮助？心理状态如何？管理层中的成员在制定目标时，要遵循目标的SMART法则：S—明确性，M—可衡量性，A—可接受性，R—实际性，T—时限性。这样在工作时团队成员才能步调一致，最终实现团队的目标。

2）加强团队成员的责任意识

责任心是指个人对自己和他人、对家庭和集体、对国家和社会所负责任的认识、情感和信念，以及与之相应的遵守规范、承担责任和履行义务的自觉态度。责任心是一个人应该具备的基本素养，是健全人格的基础，具有责任心的员工，会认识到自己的工作在组织中的重要性，把实现组织的目标当作自己的目标。责任是团队成员的分内之事，是团队成员一定要做的事情。责任心是团队合作的核心。团队协作成功与否取决于每个成员的责任心。首先，团队成员的责任心的培养应该从细节做起，细节决定成败。其次，团队成员的责任心的培养可以通过日常教育来进行。所以，一个团队一旦形成就应该与时俱进，定期对团队成员进行培训，让团队成员学习新的工作技能，吸收新的观念，培养其良好的工作态度。

3）建立团队成员间的信任

信任包括两方面：一是团队领导者信任团队中每一个成员，二是团队成员之间要相互理解与信任。团队领导者在团队工作安排中要敢于放权，给团队成员一定的空间和机会。在同一个团队中，所有成员同舟共济，才能实现最终的目标。搭建一个团队成员相互信任的平台是十分重要的。有一则寓言也提醒着我们信任的重要性。两只鸟在一起生活，雄鸟采集了满满一巢果仁让雌鸟保存。由于天气干燥，果仁脱水变小，一巢的果仁看上去只剩下原来的一半。雄鸟以为是雌鸟偷吃了，就把它啄死了。过了几天，下了几场雨后，空气湿润了，果仁又涨成满满的一巢。雄鸟十分后悔地说："我，错怪了雌鸟！"这则寓言告诉我们，团队成员之间要相互信任，很多团队就是毁于怀疑和猜忌。

4）加强团队成员的沟通能力

沟通是人与人之间思想与感情传递和反馈的过程。提高团队成员的沟通能力实际上就是要更多地实现团队成员间的有效沟通。沟通主要涉及信息发出和接收的双方，提高双方沟通的有效性就是尽可能地提高理解别人的能力和增强让别人理解自己的能力。要实现这两点，我们要做到以下几点。首先，要明白沟通是人与人之间思想与感情的传递和反馈的过程。在应对各种人际关系时，每个人都面临沟通方式的选择，每个人都需要学习沟通的策略和方法，并通过适当地运用沟通技巧来达到沟通的目的。良好的沟通有助于问题的解决和感情的交流。一个擅长沟通的管理者和员工可以妥善处理各种人际关系，从而轻松地解决问题，快速实现目标。其次，要求团队内部能够提供畅通的沟通渠道。最后，要塑造公平、合理的沟通环境。

5）提高团队执行能力

一个团队的执行能力，直接决定着企业的成败。没有执行力或执行力不足就会使工作变得被动，完不成企业预定的目标，甚至给企业带来负面影响。理解和掌握制度的内涵是提高执行力的基础，周密的计划、科学的安排是提高执行力的关键，执行是自上而下的任务传递和完成的过程。做到以人为本才是提高团队的执行能力的根本，完善制度流程可以让工作变得更简单。企业的制度流程是在不断发展过程中积累下来的宝贵财富，是无数人的经验总结，按照流程办事，可以使员工少走很多弯路，用最快、最直接的方法使团队的执行力最大化。各个部门的成员都按照自己工作的职责和流程办事，团队的整体执行能力就会提高，随之而来的是企业竞争力的增强，企业会发展得越来越好。企业的管理人员要关心员工的需求，为员工提供一个公平、轻松的工作环境，让员工在团队中找到归属感。员工的执行能力也折射出领导者的统筹能力和团队的整体作战能力。

5.2.3 民航服务人员的团队合作

1. 团队合作的意义

团队合作是一种为达到既定目标所显现出来的自愿合作和协同努力的精神。团队合作可以集中团队成员的所有资源和才智，使整个团队的作战能力不断提高。团队合作的重要意义有以下几点。

（1）团队具有目标导向功能。团队精神的培养，可以使员工齐心协力，拧成一股绳，共同朝着一个目标努力。

（2）团队具有凝聚功能。团队凝聚力是指团队对成员的吸引力，成员对团队的归属感，任何组织和群体都需要一种凝聚力。团队精神则是个体在长期的实践中形成的群体意识。团队凝聚力不仅是维持团队存在的必要条件，而且对团队成员潜能的发挥有很重要的作用。一个团队如果失去了凝聚力，就不可能完成组织赋予的任务，本身也就失去了存在的意义。

（3）团队具有激励功能。积极上进的团队氛围能使团队成员自觉地要求进步，力争与团队中最优秀的员工看齐。而且这种激励不是单纯停留在物质层面上的，还作用于团队成员的精神层面。

（4）团队具有控制功能。员工的个体行为需要控制，群体行为也需要协调。团队精神所产生的控制功能，是通过团队内部所形成的一种观念的力量、氛围的影响，去约束、规范个体的行为。这种控制不是自上而下的强制力量，而是由硬性控制向软性控制转化；由控制团队成员的行为，转向控制成员的意识；由控制团队成员的短期行为，转向对其价值观和长期目标的控制。因此，这种控制有更为持久的意义，而且容易深入人心。

2. 学会进行团队合作

团队合作应遵循 6 个原则。

1）平等友善

与他人相处的第一个原则便是平等友善。不管你是资深的老员工，还是新员工，都需要丢掉不平等的关系，无论是心存自大或心存自卑都是同事之间相处的大忌。同事之间相处具有相近性、长期性、固定性。与同事相处时要特别注意真诚相待，才可能赢得同事的信任。信任是连结同事间关系的纽带，真诚是同事间相处和共事的基础。即使你各方面都很优秀，即使你认为自己以一个人的力量就能完成眼前的工作，也不要显得太张狂。要知道还有以后，以后你并不一定能独自一人完成所有工作，所以要和同事搞好关系。

2）善于交流

同在一个公司、办公室里工作，你与同事之间会存在某些差异，每个人的知识、能力、经历造成其在对待和处理工作时，会产生不同的想法。交流是协调的开始，要把自己的想法说出来，并听听对方的想法，要经常说这样一句话："你看这事该怎么办，我想听听你的看法。"

3）谦虚谨慎

法国哲学家罗西法古曾说过："如果你要得到仇人，就表现得比你的仇人优越；如果你要得到朋友，就要让你的朋友表现得比你优越。"当我们让朋友表现得比自己还优越时，他们就会有一种被肯定的感觉；但是当我们表现得比他们还优越时，他们就会产生一种自卑感，甚至对我们产生敌对情绪。

所以，我们在与他人相处的过程中要谦虚谨慎，只有这样，我们才会受到别人的欢迎。为此，卡耐基曾有过一番妙论："你有什么可以值得炫耀的吗？你知道是什么原因使你成为白痴？其实不是什么了不起的东西，只不过是你甲状腺中的碘而已，价值并不高，才五分钱。如果别人割开你颈部的甲状腺，取出一点点的碘，你就变成一个白痴了。在药房中五分钱就可以买到这些碘，这就是使你没有住在疯人院的东西——价值五分钱的东西，有什么好谈的呢？"

4）化解矛盾

一般而言，与同事有点小摩擦、小隔阂，是很正常的事。但千万不要把这种"小的不快"演变成"大的对立"，甚至与之形成敌对关系。对别人的行动和成就表示真诚的关心和赞赏，是一种表达尊重与欣赏的方式，也是化敌为友的方法。

小资料

团队建设"四戒"

一戒："团队利益高于一切"

团队首先是一个集体，由"集体利益高于一切"这个被普遍认可的价值取向，自然而然地可以衍生出"团队利益高于一切"这个论断。但是，在一个团队里过分推崇和强调"团队利益高于一切"，可能会导致两方面的弊端。

一方面是极易滋生小团体主义。团队利益对其成员而言是整体利益，而对整个企业来说，又是局部利益。过分强调团队利益，处处从维护团队利益的角度出发常常会打破企业内部固有的利益均衡，侵害其他团队乃至企业整体的利益，从而造成团队与团队，团队与企业之间的价值目标错位，最终影响企业战略目标的实现。

例如，一个企业内部各团队都有相应的任务考核指标，团队领导者出于对小团体利益的考虑，采取了挖兄弟团队墙脚等不正当的手段以完成自己的考核指标，而当这种做法没有及时得到纠正时，其他团队也会因利益驱动而群起效仿，届时一场内部混战也就不可避免了，而企业却要为此付出大量的额外成本，造成资源的严重浪费。此外，小团体主义往往在组织上还有一种游离于企业之外的迹象，或另立山头，或架空母体。

另一方面，过分强调团队利益容易导致个体的既得利益被忽视和践踏。如果一味地强调团队利益，就会出现"假维护团队利益之名，行损害个体利益之实"的情况。目前不可否认的是，在团队内部，利益驱动仍是推动团队运转的一个重要机制。作为团队的组成部分，如果个体的既得利益长期被漠视甚至侵害，那么个体的积极性和创造性无疑会遭受重创，从而影响整个团队的竞争力和战斗力，团队的总体利益也会因此受损。团队的价值是由团队全体成员共同创造的，团队成员的既得利益应该也必须得到维护，否则团队原有的凝聚力就会转化为离心力。所以，不恰当地过分强调团队利益，反而会导致团队利益的完全丧失。

二戒："团队内斗"

团队精神在很大程度上是为了适应竞争的需要而出现并不断强化的。这里提及的竞争，往往很自然地被我们理解为与外部的竞争。事实上，团队内部同样也需要有竞争，如果一个团队的内部没有竞争，就可能导致团队的士气比较低落，团队成员缺乏工作激情。所以，团队内部需要良性的竞争。竞争是人类生存和发展过程中必备的一项活动，它能够激发人的潜能，促进人自身的发展。所以，在团队建设中同样需要良性的竞争，在竞争的前提下，团队成员团结协作，促进企业的发展。在团队内部引入竞争机制，有利于打破"大锅饭"，提高团队成员的工作效率。如果一个团队内部没有竞争，在开始的时候，团队成员也许会凭着一股激情努力工作，但时间一长，团队成员发现无论干多干少，干好干坏，结果都是一样的，每一个成员都享受同等的待遇，那么团队成员的热情就会减退，在失望、消沉后最终也会选择以"做一天和尚撞一天钟"的方式来混日子，这其实就是一种披上团队外衣的"大锅饭"。通过引入竞争机制，实行赏勤罚懒，赏优罚劣，打破这种看似平等实为压制的利益格局，团队成员的主动性、创造性才会得到充分的发挥，团队才能长期保持活力。

在团队内部引入竞争机制，有利于团队结构的进一步优化。团队在组建之初，团队的领导者对其成员的特长和优势未必完全了解，分配任务时自然也就不可能做到才尽其用。引入竞争机制，一方面可以在内部形成"学、赶、超"的积极氛围，推动每个成员不断进行自我提升；另一方面，通过竞争的筛选，团队领导者可以发现哪些人更能适应某项工作，从而实现团队结构的最优配置，激发团队的最大潜能。

三戒："团队内部皆兄弟"

不少企业在团队建设过程中，过于追求团队的亲和力和人情味，认为"团队之内皆兄弟"，而严明的团队纪律是有碍内部团结的。这就直接导致了管理制度的不完善，或虽有制度但执行不力，形同虚设。

纪律是胜利的保证，只有团队成员做到令行禁止，团队才能战无不胜，否则充其量只是一群乌合之众，稍有挫折就会作鸟兽散。南宋初年的岳家军之所以能成为一支抗金主力，与其一直执行严明的军纪密不可分，以至于在金军中流传着这样一句话：撼山易，撼岳家军难。另外一个典型的例子就是三国时期的诸葛亮挥泪斩马谡的故事。马谡与诸葛亮于公于私关系都很好，但马谡丢失了战略要地街亭，诸葛亮最后还是按律将其斩首，维护了军心的稳定。严明的纪律不仅是维护团队整体利益的需要，在保护团队成员的根本利益方面也有着积极的意义。例如，某个成员没能按期保质地完成某项工作或者违反了某项具体的规定，但他并没有受到相应的处罚，或是处罚根本无关痛痒。从表面上看，这个团队非常具有亲和力，而事实上，对问题的纵容或失之以宽会使这个成员产生一种"其实也没有什么大不了"的错觉，久而久之，贻患无穷。如果他从一开始就受到严明的纪律约束，及时纠正错误的认识，那么对团队和个人都是有益的。GE 的前 CEO 杰克·韦尔奇有这样一个观点：指出谁是团队里最差的成员并不残忍，真正残忍的是对成员存在的问题视而不见，文过饰非，一味充当老好人。宽是害，严是爱。对于这一点，每一个时刻直面竞争的团队都要有足够的清醒认识。

四戒："牺牲'小我'，才能换取'大我'"

很多企业认为，培育团队精神，就是要求团队的每个成员都要牺牲"小我"，换取"大我"，放弃个性，追求趋同，否则就有违团队精神，就是个人主义在作祟。

诚然，团队精神的核心在于协同合作，强调团队合力，注重整体优势，远离个人英雄主义，但追求趋同的结果必然导致团队成员的个性及其创造力被扭曲和湮没。而没有个性和创造力的团队只具备简单的复制功能，而不具备持续创新的能力。其实团队不仅仅是人的集合，更是能量的凝聚。团队精神的实质不是让团队成员牺牲自我去完成一项工作，而是要充分利用和发挥团队所有成员的个体优势去做好这项工作。

战国时期，招揽门客、扩大家族势力的做法在豪门望族中十分流行。很多人在对门客的录用方面设置了一定标准，因此招揽的人才的特长基本上都差不多。而齐国的孟尝君则不同，凡有一技之长的，他都一律以礼相待，投奔他的门客特别多。后来他在秦国担任宰相时，秦昭王因听信谗言要杀他。他的一个门客用"狗盗"之术潜入皇宫，盗取已献给昭王的白狐裘，贿送给昭王宠姬，才得以使孟尝君逃脱。等到孟尝君与门客日夜兼程来到函谷关时，城门已经关闭了，必须等到鸡叫之后才能开门。这时又有一个门客模仿鸡叫，引得城内的公鸡一起叫起来，终于骗开城门，脱险出关。鸡鸣狗盗之徒在当时是非常不入流的。试想一下，如果当初孟尝君在招揽门客时也像其他贵族一样坚持非饱读诗书、出身高贵的门客不要的话，那么他后来就不得不冤死他乡。

因此，团队的综合竞争力来自团队领导者对团队成员专长的合理配置。只有营造一种适宜的氛围：不断地鼓励和刺激团队成员充分展现自我，最大限度地发挥个体潜能，团队才会迸发出如原子裂变般的能量。

5）接受批评

团队中的个人自觉进行自我检查，批评和自我批评，有了不利于团队建设的事情敢于接受团队其他人提意见、挖根源，形成个体和团队相互成就的局面。让个体看到批评能够使其在团队中成长。每个人持更开放的心态，友善真诚地对待不同的意见或批评，渐渐地，让团队成员之间的信任感增加，一起变强，从而不断提升团队的凝聚力。

6）创新能力

创新能力是人们发现新问题、解决新问题、创造新事物的能力。为适应新时代的要求，人的创新能力变得越来越重要。每个人要把创新当作一项重要的工作来对待，有意识地培养自己的创新能力，激发创新的兴趣和动力，发掘自己的潜力，促进自身创新能力的发展。

创新能力的培养首先要改变认知观念，创新的首要问题是解放思想。要认识到人的创新能力的重要性，注重培养创新能力，如逻辑推理能力、形象思维能力、直觉和洞察能力、理解记忆能力和丰富的想象力。其次，加强综合知识的运用。没有丰富的知识，就不可能产生创新思维。在现有资料的基础上，进行思维想象，敢于质疑，努力探索；培养独立思考的能力，用新的思维和行为方式去看待问题、思考问题和解决问题。

思考与讨论

1. 团队建设的心理机制有哪些？
2. 民航服务人员怎样进行团队合作？

知识拓展

蚂蚁的团队精神

蚂蚁是自然界最为团结的动物之一，它们中的每个个体都为了集体的生存和幸福而劳动。一只蚂蚁的力量确实是微不足道的，但100万只甚至更多只蚂蚁组成的"军团"的力量是巨大的，它们可以将一只狮子或老虎在短短的时间内啃成一堆骨头。这就是"蚂蚁效应"所产生的威力。

启示1：互相支持，才能走出困境

"人心齐，泰山移"，单个蚂蚁虽小得微不足道，但成千上万只蚂蚁聚在一起，就汇聚成了一股无坚不摧的力量；单个小动物，如猴子、兔子、小狗等，虽然它们的力量

也不大，但团结起来，齐心协力，可以与凶猛的狼相对抗。"小"不是"弱"的代名词，"大"也不是"强"的代名词，只有团结才是最有力量的。在当今社会，科技迅速发展，社会分工精细，而每个人的思维、知识都是有限的，这时，懂得合作就等于向成功靠近了一步，如果凡事单打独斗，不懂得利用他人的力量，就会走入孤立无援的死胡同。

启示2：合作需要分工，"懒蚂蚁"值得推崇

只要你细心观察一下蚂蚁群，就能发现其中的一些懒蚂蚁：它们无所事事、东张西望，而不像大多数蚂蚁那样忙碌地寻找、搬运食物。日本北海道大学进化生物研究小组对懒蚂蚁的活动进行了研究，结果发现在缺少懒蚂蚁的情况下，蚁群会失去寻找食物的动力，而当懒蚂蚁挺身而出时，就能迅速带领蚁群找到食物。

蚂蚁群中的"懒蚂蚁"启示我们在做人员管理工作的时候，要更加重视那些注意观察市场、研究市场、分析市场、把握市场的人。在用人的时候，既要选择脚踏实地、任劳任怨的"勤蚂蚁"，也要任用运筹帷幄，对大事、大方向有着清晰认识的"懒蚂蚁"。这些"懒蚂蚁"不被杂务缠身，可以有更多的时间思考前进的方向，想大事、想全局、想未来。

如果你发现了企业里有"懒蚂蚁"，那么只要你重用他们，他们就可以为企业的发展注入动力。"懒蚂蚁"很好辨认，他们有共同特点：喜欢思考、分析、寻求市场中新的发展机会，喜欢学习、充电；善于发现组织中存在的问题，找出组织管理的弊端，提出建设性意见；表面上有些懒惰，其实他们的工作效率很高。

第6章 民航服务中的人际关系

本章导读

民航服务工作从本质上来说是一种与人打交道的工作。民航服务是双向的,其本质就是人际关系。因此,要做好民航服务工作,让旅客感到满意,民航服务人员就必须研究民航服务中的人际关系,掌握相关策略和技巧以实现良好的客我交往。

案例导入

刻板的服务

近日,完成公干后的我们从昆明乘机返回北京。上了飞机之后,我很快进入了甜甜的梦乡,醒来后发现,飞机已经飞行了将近一个小时了。看见邻座同事的饮料,我本能地看向前方,没有发现乘务员的"温馨"提示卡,心里想着可能他们太忙,可能他们不希望打扰尚在睡梦中的旅客吧,于是我克制住不满情绪继续等待,等他们来到我身边时候再要一杯解渴的水。

终于等来了发餐服务,当我接过机上餐食时,本能地寻找着那杯密封着的水果汁,结果,越盼望越失望,找不到果汁的我快速呼唤了乘务员,乘务员一边关闭呼唤铃,一边回应我:我们送完餐再给你水好吗?OK,我愉快地回答。

半小时过去了,一小时过去了,送几个航班的餐食都该送完了,我还是等不到那杯解渴的水……看着剩下多半且难以下咽的餐食,我忍受着喉咙的肿痛,想再次呼唤"水"的滋润,意外发现乘务员开始送饮料了,我忙不迭地看向乘务员,像见到救星一样幸福,可我心中的"救星"没有搭理我,按部就班地进行着自己的工作,我随口说了一句:美女,您答应给我的水呢?美女冷冷地回答:忘了。"贵人多忘事",美女忘记一些不重要的事情很正常嘛,只要现在给我一杯热开水也就可以啦。

想到飞机落地后的"超长"滑行时间,为了避免落地后排队如厕的尴尬,我在飞机快降落前半小时起身准备前往机上卫生间。没想到,旅客们竟然在客舱过道上排着长队等待如厕,我的目光越过排着的队伍用力看向后舱卫生间的指示灯,发现指示灯都是"绿"色的。怎么回事?难道如厕的旅客没有锁门?我收回了目光,看到长队前面是一

辆水车，乘务员依然不顾排队旅客的如厕需求，按部就班地发放饮料。我没有忍住，越过队伍来到乘务员身边，善意地提醒：美女，你们是不是让大家先过去，然后你们再进行服务好吗？美女们看着我不容置疑的目光，只好把水车先推到后舱，给如厕的旅客让出通道。

6.1 人际关系概述

学习提示

（1）掌握人际交往与人际关系的区别与联系。
（2）了解人际关系的特点。
（3）了解人际关系的重要性。
（4）把握人际关系建立和发展的阶段。
（5）理解人际关系建立和发展的原则。

学习内容

有人说，人生的美好是人情的美好，人生的丰富是人际关系的丰富。在人所有的生活经历中，最耐人寻味、最五光十色的经验通常都是与人际关系相联系的。愉快、烦恼、缱绻、相思、怨恨、想念、关怀，以及孤傲、浅薄、自豪、自卑、轻浮、深沉等，所有这些暂时的、久远的、肤浅的、深刻的体验，无不与人际关系有关。虽然，有人从人际关系中获得愉快和幸福，有人却收获了烦恼和不幸。但有一点是相同的，即人都需要人际关系，需要与他人交往，需要与别人建立和发展一定的情感联系。

人们在社会活动过程中，所形成的建立在个人情感基础上的相互联系就是人际关系。人际关系是人与人之间心理上的关系，表现为亲近、疏远、友好、敌对等。

6.1.1 人际关系的含义与特点

1. 人际交往与人际关系

人际交往，指人们运用语言或非语言符号交换意见、传达思想、表达感情和需要等的交流过程，包括物质交往和精神交往。人际关系是在人际交往的基础上形成的人与人之间的心理关系，它表现为人与人之间的心理距离，反映着人们寻求满足需要的心理状态。

人际交往是人际关系实现的根本前提和基础，也是人际关系形成的途径；而人际关系则是人际交往的表现和结果。两者的区别是：人际交往侧重于人与人之间的联系与接触的过程，以及行为方式的程度等；人际关系侧重于人与人在交往的基础上所形成的心理状态和结果。从时间上看，人际交往在前，人际关系在后；人际交往是一个动态的过程，而人际关系则具有相对的稳定性。

2. 人际关系的特点

1）个体性

人际关系的本质表现在具体个人的互动过程中。在人际关系中，"教师"与"学生"、"上司"与"下属"等角色因素退居到次要地位，而对方是不是自己所喜欢或愿意亲近的人成为主要的判断标准。这就是人际关系的个体性的表现。

2）直接性、可感性

人际关系是在人们直接的、甚至是面对面的交往过程中形成的，它反映出他人满足个体需要的心理状态，每个人都可以切实地感受到它的存在。一般来说，人与人没有直接的交往和接触是不会产生人际关系的，而只要建立起某种人际关系，也一定为人们所直接感知。

3）情感性

人际关系的基础是人们彼此之间的情感活动，情感因素是人际关系的主要成分。人与人之间的情感倾向可以归结为两大类：①使人们互相接近或吸引的情感，即连接情感；②使人们互相排斥和反对的情感，即分离的情感。

在第一种情感状态下，对方总是自己所希望的、满意的客体，个体有强烈的与其合作或结合的行为倾向。而在第二种情感状态下，对方则是自己不能接受的、难以容忍的，甚至是感到厌恶的客体。

6.1.2 人际关系的重要性

一个人事业的成功，只有15%是由他的专业技术决定的，另外的85%则要靠人际关系。

个人能量的大小和成功与否，取决于人际关系。

在社会生活中，每一个人的人际关系状况都对其人生产生重要的影响。人际关系对人生的意义具体表现在以下几个方面。

1. 良好的人际关系是人身心健康的需要

一个人如果身处在相互关心爱护、关系密切融洽的人际关系中，一定心情舒畅，有益于身心健康。良好的人际关系能使人保持心境轻松平稳、态度乐观。不良的人际关系，可干扰人的情绪，使人产生焦虑、不安和抑郁等情绪。

2. 良好的人际关系是事业成功的需要

人际关系对事业的影响很大，是人们取得成功的重要条件之一。如若有良好的人际关系和正确的处世技巧，将有助于个人在事业方面的成功。良好的人际关系能为一个人事业的成功创造优良的环境。

3. 良好的人际关系是人生幸福的需要

人生的幸福是构建在物质生活和精神生活的基础上的。人生幸福必然包含物质生活的内容，创造物质生活的幸福，会受到人际关系状况的影响。良好的人际关系有利于营造使人在物质生产过程中充分发挥创造力的环境，人的积极性和创造性的发挥，能增加物质财富的生产，丰富人们的物质生活；良好的人际关系也使得人与人之间的物质交往渠道畅通，人与人之间互通有无、互利互惠，可使个体得到更多的物质享受的幸福。

人生的幸福还必然要求精神生活的满足。人的精神生活的状况，如思想道德、理想情操、心理状况等都与人际关系有密切联系。人需要有思想感情上的交流。在一个志同道合、又积极向上的人际关系群体中，和谐健康的人际关系形成的是一个和谐、信任、友爱、团结、理解、互相关心的氛围。在这种氛围中，人与人之间思想感情上的交流，能使人从中汲取力量和勇气，在遇到挫折、困难时能够得到别人及时的帮助，通过交流实现互相理解；能使人处在一种舒畅、快慰、奔放的精神状态中，形成乐观、自信、积极的人生态度，思想境界得到升华。

6.1.3 人际关系建立和发展的阶段

一般来说，人际关系的建立与发展会经过定向、探索、情感交流和稳定交往四个阶段。

1. 定向阶段

此阶段包括对交往对象的注意、选择及初步沟通等。

2. 探索阶段

在此阶段，双方探索彼此在哪些方面可建立情感联系。随着双方共同的情感领域的发现，彼此沟通越来越广泛，有一定程度的情感流动。

3. 情感交流阶段

人际关系发展到这一阶段，双方关系的性质发生了重要的变化。双方的信任感、安全感开始建立；彼此沟通的深度有所发展，并有较多的情感流动。此时，双方会提供评价性的反馈信息，进行真诚的赞许或批评。

4. 稳定交往阶段

在此阶段中，彼此在心理相容性方面进一步拓展，已允许对方进入自己的私密性领域，自我暴露广泛而深刻。

6.1.4 人际关系建立和发展的原则

1. 相互性原则

人际关系的基础是彼此间的相互重视与支持。任何个体都不会无缘无故地接纳他人。喜欢是有前提的，相互性就是前提，我们喜欢那些也喜欢我们的人。人际交往中的亲近与疏远、喜欢与不喜欢都是相互的。

2. 交换性原则

人际交往是一个社会交换的过程。交换的原则是个体期待人际交往对自己是有价值的，即在交往过程中的得大于失，至少得失相等。人际交往是双方根据自己的价值观进行选择的结果。

3. 自我价值保护原则

自我价值是个体对自身价值的意识与评价，自我价值保护是一种自我支持倾向的心理活动，其目的是避免自我价值受到否定和贬低。由于自我价值是通过他人评价而确立的，个体对他人评价极其敏感。对肯定自我价值的他人，个体对其持认同和接纳的态度，并回报以肯定与支持；而对否定自我价值的他人则持疏离的态度，并可能激活个体的自我价值保护机制。

| 思考与讨论 |

（1）人际交往和人际关系有哪些区别与联系？
（2）建立良好的人际关系要遵循哪些原则？
（3）请谈谈你是如何建立良好的人际关系的。

6.2 民航服务中的人际关系

| 学习提示 |

（1）掌握客我交往的含义与特点。
（2）了解客我交往的重要性。
（3）把握构建良好客我关系的策略。

学习内容

6.2.1 客我交往的含义与特点

1. 客我交往的含义

在民航服务中，客我交往是人际关系中的一种特殊的形式。民航服务中的人际关系，主要是指民航行业的全体从业人员，尤其是基层接待人员和空中乘务人员与旅客之间的关系。民航服务人际关系的主体是民航服务人员，客体是广大旅客。民航服务效果主要取决于服务中人际关系的主体，即民航服务人员，他们是代表民航企业来接待旅客的，处理好客我关系，关乎民航企业的生存和发展。

2. 客我交往的特点

在民航服务行业中，民航服务人员与旅客的关系本应该是对等的，但由于民航服务人员所处的特定角色及旅客所处的特定地位，所以在客我双方的交往中有以下几个特点。

1）交往时间的短暂性

由于民航服务本身的特点，旅客从购票、候机、途中飞行直至到达目的地，一般时间不会很长。尽管旅客在机场候机的时间稍长些，但客我交往接触的时间还是较少的，民航服务人员与旅客相互沟通、熟悉了解的机会也极少。

2）交往地位的不对等性

在日常生活中，人际关系和人际交往凭的是自愿、靠的是兴趣，而且交往双方的主体地位往往完全对等和平等。而在民航服务交往中，对旅客来说，人际交往和人际关系可以凭自愿、靠兴趣，但对于民航服务人员来说，人际交往和人际关系就不可以凭自愿、靠兴趣。因为，旅客与民航服务人员之间的交往是一种不对等和不平衡的过程，如果民航服务人员由于不能正确处理这种不对等的关系而产生自卑或逆反心理，就会给管理和服务质量造成消极影响，有损民航企业的声誉。

3）交往的公务性

无论是民航服务，还是餐饮或其他服务，在一般情况下，服务人员与旅客的接触只限于旅客需要服务的地点和时间内，否则，就是一种打扰旅客的违反规定的行为。也就是说，民航服务中的客我交往，主要是由于公务上的需要，而不是一种个人情感、兴趣和爱好方面的需要。

4）交往深度的局限性

由于民航服务中的客我交往具有短暂性、不对等性和公务性的特点，民航服务人员与旅客之间的接触只限于具体的服务项目，而不能涉及个人关系，更不能进行个人经历、家境和性格等方面的深层了解。

5）交往结果的不确定性

民航服务，是一种人与人面对面的交往活动。由于航空服务人员个人素质、能力性格上的差异及旅客的社会地位、经济实力、文化背景和情绪变化等方面的区别，同一个民航服务人员在不同的时间、地点，为不同的旅客提供同一服务项目，也会产生截然不同的服务效果。因此，交往结果具有不确定性。

6.2.2 客我交往的重要性

1. 良好客我交往对航空公司的重要性

在民航服务中，人际关系（即旅客与民航服务人员的关系）的好坏决定了航空公司的社会形象和社会声誉，从而影响、甚至决定了航空公司的经济效益和生死存亡。民航服务的过程实际上就是航空公司出售自己的产品的过程。在民航服务中，良好的客我交往可以提高旅客的满意度，增加回头客的数量，既提高了航空公司的效益，又对提高航空公司的声誉有积极影响。尤其在竞争激烈的当今社会，航空公司的形象和声誉决定航空公司的效益，而优质的服务就是对航空公司社会形象和声誉最有力的宣传。

2. 良好客我交往对民航服务人员的重要性

对民航服务人员来说，良好的客我交往的意义也非比寻常。首先，它在愉悦旅客的同时，也能帮助民航服务人员顺利地开展工作，出色地完成工作任务。其次，这种出色的表现也能使民航服务人员得到精神的慰藉和满足，受到鼓舞、建立自信心；而在为旅客提供其满意的服务的同时，民航服务人员也在这一过程中实现了自我价值。最后，良好的客我交往，为旅客提供满意的服务不仅宣传了航空公司，也宣传了民航服务人员本身，这将会极大地帮助民航服务人员在团队和公司内部树立自己良好的职业形象，从而得到团队和航空公司的肯定和认可，为自己的职业发展提供更多机会，营造更好的环境。

6.2.3 建构良好客我关系的策略

民航服务人员要想与旅客保持良好的客我交往，既需要具备健全的人格、正确的认识方式和正常的情绪反应，同时也需要相应的交往技能与技巧。

1. 影响客我关系的因素

在民航服务中，影响民航服务人员与旅客交往的因素有很多，既有主观的，也有客观的，了解这些影响因素，对于搞好民航服务，处理好与旅客之间的关系是十分必要的。

人际吸引，是指在客我交往中民航服务人员与旅客相互欣赏、接纳的亲密倾向。它

是人类的基本心理因素之一，是形成良好人际关系的重要基础。美国心理学家奥尔波特通过研究发现，人际吸引是受很多因素影响而形成的一种动力，如个体的涵养，个体的外表、服饰、行为动作的和谐，地位角色等因素。归纳一下，影响人际吸引的因素主要有以下几个。

1）接近且接纳

由于人与人之间在活动空间内彼此接近，因而有助于人际关系的建立，这是一种最自然的现象。由空间上的接近而影响人际吸引的现象称为接近性。美国心理学家费斯汀格等人，曾以麻省理工学院已婚学生眷属宿舍的居民为对象，研究他们的邻里关系与空间远近的关系。该眷属宿舍共17栋两层楼房，每栋上下两层，每层5户，共计170户。在新学年开始搬入眷属宿舍时，他们彼此各不相识。过一段时间之后，研究者调查每户举出的在眷属宿舍中新交的三位朋友。结果发现，他们交的新朋友，几乎离不开四个接近性的特征。

（1）是他们的近邻。

（2）是他们同层楼的人。

（3）是他们信箱靠近的人。

（4）是走同一个楼梯的人。

由此看来，接近性是友谊形成的一个重要因素。

当然，人与人空间上彼此接近，未必一定彼此吸引，在接近的前提下民航服务人员要想进一步与旅客建立良好的人际关系，彼此互相接纳，无疑是另一个重要因素。只有在接近的前提下彼此接纳，才会有助于彼此之间的交往。

2）相似因素

交往双方相似之处越多，越容易建立起关系。交往双方拥有相同的信仰，相同的兴趣爱好，相同的语言、文化、宗教背景，相同的教育水平，相同的职业、社会阶层，都会不同程度地增加人们之间的相互吸引。越相似越吸引，越感亲密，尤其是认知态度相似、价值观一致的人之间最有吸引力。

日本心理学家古钿和孝认为：人们喜欢与自己相似的人亲近的原因主要有以下三个。

（1）在一般情况下，人们都希望自己在态度上与大多数人保持一致，从而使内心获得一种稳定的感觉。

（2）交往的相似性是使我们的预期目的得以实现的关键。因为，在一个成员与自己相似或类似的团体中活动，阻力比较小，活动容易进行。

（3）类似的东西常被作为一个同一体进行感知，人们试图使自己与其他类似的人组成一个团体，从而增强对外界反应的能力，保证反应的正确性。

因此，在交往过程中，民航服务人员要善于发现与旅客的相似之处，从而拉近彼此之间的距离。

3）互惠互利

人与人之间的交往往往是以互惠互利为基本原则的。这种互惠行为既有功利的、经济的和现实的作用，也有精神的、心理的和超现实的意义。一般说来，功利的互惠较为现实，但不能长久；而心理层面的互惠较能满足人的基本需求，较为长久。因此，如能把感激准确地传达给对方，对方也将会为你做更多的事、提供更多的服务。

4）个人特质（品质和人格）的吸引

一个具有优秀的或与众不同的个人特质的人往往能吸引别人和他交往。如一个有着很好品质的人在人际交往中会更受欢迎。一个有四万人参与的调查研究发现，人们在交友时，自信、忠诚、热情、有影响力和乐于助人一类的品质是最为人们所重视的。

显然，具有热情、开朗、真诚、自信等性格特征的民航服务人员容易被旅客接受，而冷漠、封闭、虚伪、自卑的民航服务人员则容易被旅客疏远。真诚受人欢迎，虚伪令人讨厌。民航服务人员的性格、气质、能力等人格品质，对客我交往关系的建立与维持有着重要的影响。民航服务人员要想获得旅客的认可，与旅客保持良好的交往，真诚是其必须具备的品质。因此，建立良好的客我交往关系，真诚是必不可少的。开朗、热情是打开良好客我关系大门的钥匙，在客我交往中，民航服务人员要与各种各样的旅客打交道，一个性格内向、沉默寡言的民航服务人员，不容易与旅客建立起密切的关系。同样，在客我交往中民航服务人员需要有宽广的胸怀，能够倾听旅客的不同意见，对旅客谦恭有礼，才能受到旅客的欢迎。

总之，增强自己的人格魅力是进行良好客我交往的重要因素。

5）仪表吸引

除个人品质和人格外，仪表形象也是影响人际交往的一个比较重要的因素。拥有良好仪表的人在人际交往中更受欢迎，并且人们在理解他们的行为时往往会做出更有利于行为者的正面解释。社会心理学家卡伦·戴安娜曾向一些成人描述了一个7岁女孩的轻度或严重不良行为，在描述时还呈现一张有魅力或不具魅力的女孩照片，然后要求他们对女孩行为的典型性做出判断。结果发现：当女孩有轻度不良行为时，在人们对其做出的判断中没有觉察出女孩外表的魅力所起的作用；但当女孩出现严重不良行为时，女孩外表的魅力决定了成人对其行为所做出的判断。人们认为：有魅力的女孩的行为是暂时的非典型事件，不可能重复。这就是人的仪表形象带来的"晕轮效应"。

民航服务人员要想加强人际吸引，就应做适当的"印象修饰"。从自己的服饰、举止、面部表情、精神状态等做出适合自身的角色和当时情境需要的行为，产生令人愿意"接近""接受"的吸引力。

2. 客我关系中的心理效应

每一名民航服务人员都希望能在与旅客交往的过程中展示自己最好的一面，给旅客

留下良好的印象,希望在与旅客的交往中正确地认识、了解他们。为此,民航服务人员非常有必要了解客我交往过程中的各种心理效应,把握好自己的言行、态度等,与旅客和谐相处。

这些心理效应,我们在前面的章节中已经做了一定的阐述,正是这些社会知觉的偏差,影响着人们的认识和评价。在人与人的交往中往往自觉地或不自觉地受其暗示与支配。

1) 第一印象

民航服务人员在与旅客的初次交往中所留下的第一印象,往往会影响旅客对民航服务人员的整体评价与看法。第一印象一旦形成,就不容易被改变。这种印象会一直影响着以后的交往过程,即使后来的印象与第一印象之间有差距,旅客仍然倾向于最初的印象。

第一印象的存在提示我们:要想让旅客形成对民航服务人员及航空公司良好的第一印象,民航服务人员就一定要注意与旅客初次交往过程中的表现,民航服务人员的仪表、着装、谈吐、态度,航空公司的设施、机场的环境等,都会对旅客的最初印象与评价的形成产生影响。

2) 晕轮效应

晕轮效应是一把"双刃剑"。如果民航服务人员好的品质先被旅客感知,所形成的"晕轮"会遮掩民航服务人员的某些失误,也使民航服务人员有机会对自己的失误加以弥补;如果民航服务人员的不良品质先被旅客感知,其所形成的"晕轮"则会遮掩民航服务人员的优点,而"放大"民航服务员的微小失误。

3) 否定后肯定效应

在客我交往中,有一种"否定后肯定效应":如果人们先对某人做出否定的评价,而后来的事实证明这种评价是错误的,那么,人们会对此人做出更高的评价。

这就是说,如果没有原先的否定,后面就不会对此人做出很高的评价。

产生"否定后肯定效应"的条件是:先有一件事,使人们对某人做出了否定的评价,后来又发生了一件事,使人们认为应该改变对此人的评价。所以,当我们由于某种原因而出现失误,使别人对我们做出较低的评价时,我们不应"心灰意冷"和"一蹶不振",而要想方设法地弥补过失,重新获得旅客的满意。

4) 角色扮演

在民航服务中,旅客与民航服务人员之间的交往,主要是作为一种特定的社会角色的人际关系和人际交往。

角色,心理学上将其解释为一种职能,一种对每个处在这个位置上的人所期待的符合规范的行为模式。角色有以下四个要点。

(1) 充当某种角色,也就意味着人在社会生活中处于某种地位。例如,张三担任空中乘务员的角色，那就意味着他在民航服务交往中处于服务人员的地位；当有一天张三以旅客的角色乘坐飞机，那就意味着他在民航服务交往中处于被服务对象的地位。

（2）角色是一种职能、一种权力。例如，航空公司经理，有经理的职能和权力；民航服务人员，则有民航服务人员的职能和权力。

（3）每一种角色都有其符合规范的行为模式，即人们通常所说的，经理要有经理的样子。这"样子"就是角色所要求其符合规范的行为模式。

（4）一个人一旦充当了某种角色，人们就会按照该角色的标准和要求寄予其相应的期望值。

人与人应该是平等的，但这并不意味着，当人们扮演着不同的社会角色来进行交往时，总是可以"平起平坐"的。从心理学的角度来看，人与人之间的"平等"是由人与人之间的"互相尊重"来体现的，而不是由不分场合的"平起平坐"来体现的。

在一些酒店服务员中流传着这样一个顺口溜："客人坐着你站着，客人吃着你看着，客人玩着你干着!"不管他们在说这个顺口溜的时候带着什么样的"情绪色彩"，都必须承认，这个顺口溜反映了一个事实："服务员"和"客人"这两种不同的社会角色是不可能"平起平坐"的。

请注意：我们是说"服务员"和"客人"这两种"角色"不可能"平起平坐"，而不是说扮演这两种角色的"人"是有"高低贵贱"之分的。

对于服务人员来说，"客人坐着你站着，客人吃着你看着，客人玩着你干着"，这并没有什么"不合理"。因为，你这是在扮演你所承担的"角色"。因此，民航服务人员对自己所扮演的角色应该有正确的认识。

3. 客我关系的心理障碍

在民航服务人员与旅客的交往中，有些民航服务人员由于对客我交往的本质缺乏正确的认识，对待服务工作缺乏正确的态度，在客我交往中常表现出一些心理障碍，妨碍了服务工作的顺利进行。

1）以自我为中心

有些民航服务人员在工作中完全从自己的角度考虑，只关心自己的利益和兴趣，忽视旅客的利益和处境。在客我交往中表现得目中无人，喜欢装腔作势、盛气凌人、自私自利，这样的客我交往必然会出现问题。

2）羞怯

羞怯是绝大多数人都会有的一种心理。具有这种心理的人，由于过分的焦虑和不必要的担心，在言语上支支吾吾，行动上手足失措。长此以往，不利于同旅客的正常交往。

3）孤僻

孤僻的人不喜欢与人交往，孤芳自赏、自命清高。克服孤僻心理的关键在于打破自

己设置的心理障碍，敞开心扉，用坦荡、真挚的情感去赢得旅客、同事的理解和认可。

4）干涉

有的民航服务人员在与旅客交往中，喜欢询问、打听、传播旅客的私事。这种人热衷探听旅客的情况，并不一定有什么实际目的，不过是以打探旅客隐私为乐而已。

5）讨好

有的民航服务人员往往出于功利性目的，对旅客阿谀奉承、曲意逢迎。这种行为会引起旅客的反感，使正常的交往难以进行。

4. 建立客我关系的原则

1）平等的原则

平等，是人际交往的基础。没有平等，就谈不上尊重，没有相互尊重，就无法维持正常的交往关系。民航服务人员在与旅客交往的过程中，彼此在人格上是平等的。尽管由于主观因素和客观因素的影响，人在气质、性格、能力、知识等方面存在着差异，但在人格上是平等的。每个人都需要得到别人的尊重，都需要通过交往寻找自己的社会位置，获得他人的肯定，证明自己的价值。

2）诚信的原则

"诚"即真诚，"信"即守信。诚信，是客我交往的根本，也是人与人之间建立信任和友谊的基础。在客我交往中，只有双方都心存诚意，才能互相理解、接纳、信任，感情上才能引起共鸣，关系才能得以发展。在现实生活中，人们都愿意与表里如一、言行一致、诚实正派的人交往，而不愿意与口是心非、老奸巨猾、口蜜腹剑的人交往。所以，如果民航服务人员给旅客以虚假、靠不住的印象，就会失去旅客的信任，很难与旅客进一步交往。

真诚是获得友谊的桥梁，守信是中华民族的传统美德。在客我交往过程中，我们要努力做到"言必信，行必果"。

3）宽容的原则

宽容，是一种美德，也是对健康交往关系的一种呵护。正所谓"人无完人，金无足赤"。这就要求我们在与人交往时，要学会用辩证的观点看问题，对非原则性的问题不斤斤计较。在与旅客发生矛盾时，要有宽广的胸襟、豁达的气量，要允许旅客有不同的意见。要严于律己，宽以待人，不放纵自己、不苛求他人，这样就会赢得旅客的尊重。

4）赞扬的原则

在客我交往中，要善于发现并且赞扬旅客的优点与长处，礼貌相待，才能相互促进与提高。赞扬旅客会给旅客带来愉悦，反过来旅客也会把这份愉悦传递给你。要建立良好的客我关系，恰当的赞美是必不可少的。一个人具有某些长处或取得了某些成就，就希望得到他人的承认。如果你能以诚挚的敬意和真心实意的赞扬来满足旅客的需求，那么任何一个旅客都可能会变得令人愉快，更通情达理、更乐于协作。恰当地赞美别人，会给人以舒适感。

5. 构建良好客我关系的技能与技巧

1）塑造良好的自身形象

良好的自身形象和大方的仪表是客我交往的基础。在民航服务的客我交往中，人们比以往更注重民航服务人员的外表和言谈举止。可以说，民航服务人员的形象如何，将直接影响其与旅客关系的质量。与旅客交往的时候要注意以下几点。

（1）以诚为本，坦诚相待。

（2）衣着整洁大方，符合自己的身份和气质，可适当修饰或化妆。

（3）举止得体，谈吐文雅，不言过其实、不言不由衷，不吞吞吐吐、欲言又止。

（4）态度谦和、热情大方。切忌傲慢自大、蛮横无理、目中无人。

（5）在适当的时候，可以展示自己的才华和特长，但不可自我吹嘘、故意卖弄。

（6）当旅客需要帮助时，乐于助人，全力相助。

（7）文明礼貌，谦虚谨慎，实事求是。

2）学会赞美

民航服务人员与旅客交流时要学会使用赞美性的语言。赞美的实质是对他人的赏识、激励。一个笑容可掬、善于发掘别人优点并给予赞美的人，肯定会受到别人的尊敬和喜爱。在现实生活中，每个人都希望得到尊重和承认，他人的赞美正是对这种需要的满足。所以，恰到好处的赞美能使人际关系更加和谐，给旅客带来美好的心境。民航服务人员要善于看到旅客的长处，因人、因时、因场合、适当地进行赞美，但赞美也不能滥用，赞美是一种诚恳的、自然的情感流露，要真实、诚挚，不可虚情假意。人们喜欢得到赞扬，但只喜欢合乎事实的赞扬，对不真实的赞扬则会心生反感。

3）学会倾听

倾听，是尊重旅客的表现，是交谈成功的要诀。注意和善于倾听的人更有可能善于沟通、深得人心。所以，民航服务人员要养成良好的倾听习惯，这将有助于我们获得旅客的认可和支持。

倾听的要领如下。首先，要耐心地听取旅客说话，态度谦虚，目光应注视旅客；其次，要善于通过体态语言及语言的其他方式给予其必要的反馈，做一个积极的"倾听者"；最后，不要随便打断旅客的讲话，更不要中间自己插进来大讲特讲。在旅客讲话的时候，我们可以适当地提出一些问题。通过提问向旅客传递一个信息，表达你是在仔细地听他说话。此外，倾听的时候要能听出旅客的言外之意。一个聪明的倾听者，不能仅仅满足于表层的倾听，而要从说话者的言语中听出话中之话，从而把握说话者的真实意图。只有这样，才能做到真正的交流、沟通。

4）学会尊重

尊重，包括自我尊重和尊重他人。自我尊重，是指在各种场合中自重自爱，维护自

己的人格和尊严；尊重他人，则指重视他人的人格、习惯与价值，承认交往双方的平等地位。在客我交往中，只有首先尊重旅客，才能得到旅客对你的尊重。尊重他人可以体现在许多方面。

下面以谈话为例，说明如何做到尊重。以点头或手部动作作为肢体语言，或发出"哦""嗯"声等，表示自己在听其说话，以引起旅客继续讲话的兴趣。

要尽量让对方把话说完，不要轻易打断旅客或抢接旅客的话题，扰乱旅客的思路。必须插话时，可委婉地说："请允许我打断一下""请等等，让我插一句。"这样可避免旅客对你产生不必要的误解。

在交谈时，不要自己一味滔滔不绝地说个没完，要给旅客说话的机会。否则，会显得自高自大，轻视他人。

在旅客讲话时，民航服务人员可以思索，但不要过于严肃。听者应轻松自如，应随着旅客情绪的变化而伴之以喜怒哀乐的表情。否则，旅客会觉得你冷漠，没有兴致说下去。

5）真诚待客

在民航服务工作中，民航服务人员对旅客要以诚相待，不要过于世故。"诚"是客我交往的根本，自古以来一向受到人们的推崇，人与人之间的交往能做到一个"诚"字，必能得到真诚的回报。反之，世故圆滑，永远也不可能换取对方的真诚相待。

6）热情有度

热情有度，主要是指民航服务人员在为旅客提供热情的服务时，务必要把握好热情的尺度。热情总比冷漠好，主动服务总比被动服务好，这自不待言。然而，什么事情都有一个度，服务过于热情，往往过犹不及。有道是"添一分则多，减一分则少"，凡事物极必反，如若热情过度，同样达不到预期效果。服务不够热情，通常会怠慢旅客；服务热情得过了头，亦会有碍于旅客。这里所说的"度"，在服务过程中主要是指民航服务人员在向旅客提供服务时，要积极、主动，但切忌因此而干扰了对方。

在一般情况下，民航服务人员要向旅客提供无干扰的热情服务，特别要注意以下几点。民航服务人员在深谙现代人强调尊重自我的基础上，把握好热情服务的"度"，该"热"则"热"，不该"热"则不"热"，使旅客在享受服务的过程中心安理得，不受过度礼遇的惊扰。

6. 客我交往的注意事项

1）不卑不亢，心态平和

不卑，就是不显得低贱，不亢，就是不显得高傲。在旅客面前，民航服务人员永远要保持平和的心态。

现代的社会生活是丰富多彩的，在不同的时间和空间里，人们所扮演的角色在不断地变化，服务与被服务的角色也会因时间与空间的不同而变化。因此，作为民航服务人员必须有平和的心态,既不要在为旅客服务时感觉低人一等,也不要在别人为你提供服务时傲慢无礼。

2)不与旅客过分亲密

民航服务人员在进行服务时,要注意公私有别。在服务工作中,出于礼貌或创造和谐气氛的需要,民航服务人员可以和旅客进行一些简单的交谈。但是,民航服务人员与旅客交谈时要注意两点:第一是不能影响本职工作;第二是不能离题太远。

例如,民航服务人员与旅客交谈,本来是为了更好地干好服务工作,但结果与旅客聊得眉飞色舞,当其他旅客有服务需求时,却没人应答,结果招致旅客的不满。这便与本来的目的大相径庭了。

有的民航服务人员在与旅客交谈时天马行空,无所不谈,甚至讨论一些敏感的政治问题及耸人听闻的小道消息。还有的民航服务人员与旅客"一回生、二回熟",自从聊过一回之后,再见到该旅客时便称兄道弟、亲姊热妹,这都是要不得的。

3)不过分烦琐,不过分殷勤

对于旅客提出的要求、托办的事项,民航服务人员只要轻轻地说一声"好的"或"明白了"即可,不要喋喋不休地重复,以免使旅客感到厌烦。这也是一种失礼的表现。

例如,某宾馆的客房部有一个规定,只要客人从外边回来,当客人走出电梯时,服务台的工作人员就要给客人递送汗巾。在夏季,特别是白天,这个办法是非常好的。但如果是在冬季,又是晚上,那就实在不必,因为客人没有汗可擦。而且晚上,客人回到房间,房间内有完善的卫生设施,很快就可以洗澡,还有什么必要用小汗巾呢?这就要求相关人员根据实际情况灵活处理。

4)一视同仁,不区别对待

虽然乘飞机的旅客,其身份、地位、年龄、健康状况等不尽相同,但民航服务人员应当一视同仁地对待他们。有时,民航服务人员以貌取人,是非常不好的。只要是来乘坐飞机的旅客,就应受到尊重,他就是"上帝",作为民航服务人员就得为其提供服务。不能对待有身份、衣着华丽的人很恭敬;而对衣着普通或寒酸的人就表现得傲慢或看不起。这是不尊重旅客,没有礼貌的表现,应该摒弃。

还有的民航服务人员看见熟人来乘坐飞机,就很客气,甚至勾肩搭背,长时间地大声交谈;而对普通的、不熟悉的旅客则有些不尊重、不热情。这会给别的旅客带来不好的印象。因此,民航服务人员若是遇见熟人来乘坐飞机,打个招呼也就可以了,完全没有必要坐下来与熟人聊个没完。这是你的工作时间,不是私人聚会,要分清场合。但是,对于某些旅客又必须给予适当的特殊照顾,如老、弱、病、残、孕等旅客,民航服务人员在其乘机时最好上前搀扶。这样做,才能切实体现民航服务人员的素养。对于一般旅客,则可不必如此。

5）表情适度，举止得体

（1）注意表情。在人际交往中，表情亦被人们视为一种信息传播与交流的载体。民航服务人员在为旅客提供服务时，有必要对自己的表情自觉地进行适当的调控，以便更为准确、适度地向旅客传达自己的热情友好之意。

① 在服务过程中，民航服务人员要注意运用好自己的眼神。当旅客在自己面前出现时，下述五种眼神皆因有可能使旅客感到在禁止之列：一是盯着旅客；二是打量旅客；三是斜视旅客；四是窥探旅客；五是扫视旅客，即对旅客的某些部位反复看。

② 在服务过程中，民航服务人员还要注意控制好自己的笑容。虽说笑比哭好，但是笑也必须笑得得体。只有在民航服务人员迎送旅客或为旅客直接提供服务时，适当的微笑才是可以被接受的。民航服务人员一人躲在旅客身后暗自发笑；几名民航服务人员在一起扎堆儿说说笑笑；民航服务人员在旅客出丑、露怯时不住地偷笑；民航服务人员在一起议论、笑话旅客；民航服务人员当众莫名其妙地狂笑不止等，均为有碍于旅客的不合时宜之举。

（2）注意举止。民航服务人员在为旅客提供服务时，一定要切记对自己的举止有所克制。下列三种情形有可能干扰旅客的举止，理当禁止。

① 不卫生的举止。例如，当着旅客的面，民航服务人员对自身进行诸如擤鼻涕、挖鼻孔、掏耳朵之类的卫生清理，或者随意用自己的手及其他不洁之物接触旅客所用之物，都属于不卫生的举止。

② 不文明的举止。民航服务人员的某些不文明的举止，如当众脱鞋、更衣等，对旅客难免会有所影响。

③ 不敬人的举止。对旅客指指点点，甚至拍打、触摸、拉扯、追逐、堵截对方，不仅有可能失敬于旅客，而且对于旅客也会形成一定程度的干扰，甚至会令旅客心怀不满。

思考与讨论

（1）简述客我关系的特征。
（2）在客我交往过程中要遵循哪些原则？
（3）在工作中如何构建良好的客我关系？

知识拓展

人际吸引

如果把人际关系看作一幅人们相互作用的动态图，那么它最直接的表现就是人们之间的相互吸引与排斥。人们之间的这些感情状况，除了受深刻的社会、经济、政治等因素的影响，从社会心理学的角度看，还受其他一些更为直接的、更为具体的因素的影响。这些因素构成了人们之间的吸引或排斥的具体机制。

人际吸引是个体之间在情感方面相互亲近的状态，是人际关系中的一种肯定形式。个体之间在情感方面的亲近状态按吸引强度由低到高分别为亲和、喜欢和爱情。

一、亲和

人是社会性动物，一个人在他的绝大多数时间里都是和他人在一起的。我们习惯了身边有他人的陪伴，就连极孤僻和有强烈敌对倾向的人也不见得是绝对地喜欢一个人独处。人天生有一种与人亲近的需求，这种亲近的需求可以是不带感情色彩的亲和，只要感觉到周围有人的存在即可；也可以进一步表现为个体希望和他人在一起建立协作、友好的联系。心理学家阿特金森等人认为，有两种动机影响人们的社会交往：一种是亲和需求，是一个人寻求和保持积极人际关系的愿望；另一种是亲密需求，是人们追求温暖、亲密关系的愿望。

关于人的亲和需求，美国心理学家沙赫特有一个著名的实验：他设计了一个没有窗户，但有空调的房间，里面除一张桌子、一把椅子、一张床、一个马桶、一盏灯外，再无其他东西，一日三餐通过房门底的小洞口送入。谁能在这样的房间待一天就能得到一笔可观的报酬，目的想测试人在这样与世隔绝的情景下能待几天。五名大学生充当了被试者，结果是：其中一人只待了二十分钟就受不了了，放弃了实验；有两个人待了两天；而最长的一个被试者也只待了八天。

这个探索性的研究表明：虽然每个人人对孤独的忍耐力是有差异的，但谁也很难无止境地生活在孤独的环境里。生物学观点解释人类的亲和倾向是，有生存价值的婴孩出生后，需要得到成人的照顾才能生存，人类需要分工合作才能丰衣足食；人还需要通过与人亲和来克服孤独、寂寞之感。人与人之间的亲和需求存在个体差异，可通过"适宜唤起层次理论"得到解释。尽管人的亲和需求及其满足是随情境而变的，有时人喜欢与人玩耍嬉戏，有时又渴望一人安静地独处，但人在他生命里的每一天都需要满足自己的亲和需求，每个人的亲和需求在量上有个体差异，即每个人所需要的、最适宜的刺激量是不同的。

社会心理学家对影响亲和需求的因素进行了深入的研究，结果发现：恐惧、焦虑、出生次序与亲和需求密切相关。

1. 恐惧与亲和需求

有人推测：如果亲和可以满足某种要求，那么当一个人被孤立时，这种要求应变得非常强烈。这样，从反面就能推知人有亲和需求的原因。

沙赫特在20世纪50年代用一系列经典的实验，来验证能够增强人的亲和需求的因素。他研究了如囚徒及修道士那样长期处于和他人隔绝的环境中的人遗留下来的日记等，发现其中记载着许多难以忍受的精神痛苦和不安的心境。由此他提出了"面临恐惧的人会具有更强烈的亲和行为倾向"这一假说。为了加以证实，他进行了有关亲和动机的实验。在这一实验中，沙赫特设定了如下的情境：要求被试者逐个进入实验室，并分别被告知"要进行有关电流刺激对人体影响的实验"。其中半数被试者被告知这种电流刺激非常难受、很痛苦（高强度不安条件）；另外半数被试者被告知这种电流刺激极轻微，只有一些发痒或震颤的感觉（低强度不安条件）。在被试者的恐惧和不安被唤起之后，再问被试者："距实验还有 10 分钟，这期间您打算怎么度过？"调查结果是，被唤起高强度恐惧的人与被唤起低强度恐惧的相比，表示"希望和大家一起在大房间里等着"这种愿望的人居多，如表 6-1 所示。也就是说，恐惧感越强，亲和需求越强烈。此实验验证了恐惧和亲和需求的关系。

表 6-1 恐惧对亲和行为的作用比率（%）

选择条件	和他人在一起	不做选择	单独在一起	亲和行为的强度
高度恐惧	62.5	28.1	9.4	0.88
低度恐惧	33.5	60.0	7.0	0.35

（资料来源：弗里德曼等编著：《社会心理学》，黑龙江人民出版社 1984 年版，第 62 页）

2. 焦虑与亲和需求

焦虑不同于恐惧，是人的另一种情绪状态。恐惧是因实际威胁的存在，或人在威胁即将来临时产生的情绪；焦虑的产生则是由非现实的、无法确定的原因引起的。我们已经知道，恐惧感越强，亲和需求越强烈。那么焦虑是否也和恐惧一样会增强人的亲和倾向？

面临使人尴尬或自我意识增强，但却不带有生理痛楚的情景会引起人的焦虑反应。据此，沙诺夫和金巴尔设计了一个实验，如图 6-1 所示。沙诺夫和金巴尔除了研究恐惧和亲和倾向的关系，也研究了焦虑同亲和倾向的关系。在实验开始时，实验者向被试者提出了一些特殊的要求，以制造被试者的焦虑反应。高焦虑组的被试者被告知在实验过程中他们需要穿围兜、吮吸奶嘴；低焦虑组的被试者被告知他们需要在实验中吹响口哨。高焦虑组、低焦虑组的实验结果与高恐惧组、低恐惧组的实验结果刚好相反：高焦虑组的被试者比低焦虑组的被试者更愿意单独一个人等待实验开始。实验证明了：恐惧会增加亲和需求，焦虑却会减少亲和需求。也就是说，人在焦虑时，与其他人在一起不仅不能获得安慰，反而会使他显得尴尬，他宁愿一个人单独经历尴尬的场面。弗里德曼借测量被试者的性亢奋程度以引发他们的焦虑感，也得到了焦虑会降低人的亲和需求的结果。

3. 出生次序与亲和需求

在沙赫特的实验中，高恐惧组的被试者比低恐惧组的被试者表现出更多的亲和需求，但仍有一部分被试者愿意自己一个人等待，而不在乎是否有人陪伴。这种情形表明，在亲和需求的程度上存在着个体差异。差异的原因何在？沙赫特经过进一步的研究发现，出生次序是一个非常重要的原因：长子女和独生子女有着较强的亲和需求。这种恐惧与亲和需求的强烈程度，随着出生次序递减。

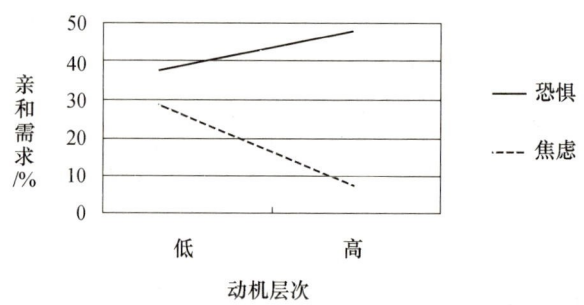

图 6-1　高恐惧、低恐惧、高焦虑、情绪与亲和需求的关系

为什么会出现此种现象？一般的解释是与父母对待孩子的态度有关：对第一个孩子，父母流露出过多的关切和保护，这强化了孩子的依赖，使孩子习惯了在遇到困难时从他人那里寻找安慰；由于第二个、第三个孩子的出世，孩子多了起来，一方面父母有了经验，从而不会过度紧张孩子；另一方面也由于孩子的增多分散了父母有限的时间和关注，因此后出生的孩子的亲和需求不会得到像长子女那样的强化，当他们遇到困难时便会以一种相对独立的方式去处理。当然这种解释也不是绝对的，孩子亲和需求的强化还同他们出生、成长中的很多因素有关。

二、喜欢

一个人身边仅仅有他人的存在是不够的，他需要和一些同样重视自己的人维持亲密的关系。和他们在一起，个体会感到愉快和满足；离开他们，个体会感到痛苦、想念，他们成了对自己有特殊意义的一群人，此时，个体与他们的关系上升到人际吸引的一个更高层次——喜欢。喜欢是中等强度的人际吸引形式，也是人际吸引的一般形式。社会心理学家通过大量研究找到了一些影响人与人之间相互喜欢的重要因素。

1. 接近性

空间上的接近，是导致人们之间相互吸引的重要条件，尤其在交往的早期阶段更是如此。

怀特于1956年的调查研究发现：在几乎是完全偶然地住到一个居民区的人中，成为朋友的多是住得比较近的人。

费斯汀格等人以麻省理工学院已婚学生为对象做过类似的研究，他们发现：居住在同一层楼上的人认为，他们和隔壁邻居要比隔一个门的邻居更亲密一些。

那么，空间上的接近为什么会使人与人之间相互喜欢呢？可能的原因如下。

首先，空间上接近的人们在生活中，彼此之间可以有更多的互相帮助和照顾，也更容易产生好感。

其次，空间上的接近有助于人们形成积极性偏见。当某个人知道他要处在某一环境中，他常常会试图说服自己，这个环境是令人愉快的，至少不是特别让人不好受的。他

期望在这个环境里愉快地生活下去,就需要和与之相近的人保持友好的关系。这样,人们就会从积极的方面去认识与自己相近的人。所以,在以后的交往中就会增加他们之间的喜欢程度。

此外,空间上接近的人们因频繁的接触而彼此熟悉,熟悉是喜欢的重要前提。最常见的现象就是"曝光现象",最简单的,某个人只要经常出现在你的眼前,就能增加你对他的喜欢程度。

查荣克于1968年的研究发现:被试者对于看到次数多的突厥语单词,有强烈的赋予它积极意义的倾向。研究还发现:被试者看到某张人像照片的次数越多,就越喜欢这个人。可见,熟悉在人们的相互吸引中有着特殊的意义。因为,当我们非常熟悉某人时,实际上对他也就更加了解,这样就能更好地预言他在不同情况下的行为反应。当我们非常清楚地知道某人将会有怎样的反应,以及如何对我们所做的事做出反应时,就不太容易做出令他烦恼的事。同样,当他了解我们的情况后,也就不太容易使我们烦恼。在相互熟悉的情况下,每个人都学着如何用行动避免不愉快的相互作用,并有意识地避免造成不愉快的后果,所以彼此熟悉的人最容易成为朋友。

当然,曝光效应也有限制,只有一个人已开始对他人有好感时,多次见到他才会有增强人际吸引的效果;如果一个人一开始就讨厌对方,那么见得越多反而越讨厌。此外,当两个人在兴趣、需要或人格等方面有强烈的冲突时,彼此避而不见、减少接触才能把这种冲突降到最低,没有接触的人们之间至少不会产生嫌恶。

还有研究表明:提高喜欢的程度需要有一个最佳水平的曝光频率,这依赖于个体和情境差异。高于这个曝光频率或低于这个曝光频率都会影响人际吸引的建立。

相关研究还表明:空间上的接近这一因素随着时间的推移,其发挥作用将越来越少,尤其是当双方关系紧张、互有敌意时,其发挥的作用可忽略不计。由此可见,这一因素是否导致喜欢也还有赖于对方的品质。如果与我们邻近的人不具备被肯定的品质,这时空间上的接近只能增加彼此不喜欢的程度。

2. 相似性

人们彼此之间是否具有某些相似的特征(如信仰、爱好、兴趣等)是影响人们相互喜欢的重要因素。常言道,"物以类聚,人以群分"。人们通常喜欢那些在各方面与自己存在着相似之处的人。人们为什么喜欢与自己相似的人呢?强化理论的解释是,他人表现出与自己相似的态度及其他一些特征,对自己是一种社会性支持,具有相当大的强化力量,所以彼此之间的吸引力便产生了。从认知理论来看,类似的东西往往被作为同一体而感知,由于人们通常是喜欢自己的,所以就会对被归纳为与自己相似的人怀有好感。

此外,在相似引发喜欢的问题上有一个重要现象,那就是对于相似性过分夸大的倾向。如果一些人与我们有相似之处,并且我们喜欢他们,这种相似性往往会被夸大。因此，在喜欢与我们相似的人的同时，我们往往会把他看得比他的实际情况与我们更相似。同样，如果我们不喜欢某人，也会夸大这种区别。结果就是：我们喜欢的人最终被认为与我们极端地相似，而我们不喜欢的人最终被认为与我们极端地不相似。

相似的范围很广，但信仰、爱好、兴趣等方面的相似性尤为重要。其中，态度、价值观念的相似尤为重要。研究证明：由于价值观和态度的相似，甚至在其他方面不太相合的两个人也可能相互喜欢。

3. 互补性

相似固然对人际吸引具有重要的意义，然而有时我们与和自己不相似的人相处会得到更多的报偿。温奇首先提出了这个问题。他在对已婚和已经订婚的若干对伴侣的个性特征进行了详尽地研究后发现：在某些方面存在着互补吸引，也就是说，人们往往选择那些与自己互补的人结为伴侣。例如，支配型的男性和服从型的女性能相处得很好，爱唠叨的女子也许嫁给一个少言寡语的男子会生活得很安宁。在某些人格范围内，互补的品质会使人们相互吸引。

一般来说，互补对于喜欢的作用，明显地表现在当两个人的某些特征可以互相满足对方的需要时，两个人就趋向于互相喜欢。由此也决定了人与人之间的互补引发彼此相互喜欢是有条件的，即需要考虑是哪些人格特征的组合。高雅与平庸、庄重与轻浮等，尽管这些特征相反，但它们却不能互补，原因是这些特征不能互相满足对方的需要。

另外，从某种意义上说，相似与互补又是一致的。例如，在支配—服从型的婚姻中，双方之所以能够互相吸引，说明他们对婚姻中男性和女性的作用有着一致的或相似的认识。这种人格特征上的互补表明了双方态度和价值观上的相似或相同。

同时，有关相似与互补对喜欢的影响，需要同角色作用联系起来，加以考虑。在角色作用相同时，人们需要的是更多的相同或相似的特征；当角色作用不同时，互补性就起到了更重要的作用。

4. 个人特质

1）能力

一个人的能力大小与其被他人喜欢程度的强弱有密切关系。一般来说，在其他条件相当时，一个人越有能力就越被人喜欢。但是，一个人的能力与被他人喜欢的程度并不永远成正比。阿伦森等人的实验揭示了个人能力与吸引力之间的关系。在实验中，让每一组被试者听一段录音。录音有四种，分别对应四种不同能力条件的人：①能力超凡的人；②能力超凡，但是犯了错误的人；③能力平庸的人；④能力平庸而又犯了错误的人。结果发现：最被人喜欢的并不是能力非凡的超人，而是有着非凡的能力，但也犯了错误的人；具有非凡能力的人被人喜欢的程度排在第二位；排在第三位的是能力一般的人；最不被人喜欢的是能力平庸而又犯了错误的人。一个有着超凡能力的人犯了错误使人们对其更加喜欢。或许是人们感到犯了错误的、有超凡能力的人，比起那些十全十美、白璧无瑕的人更加值得亲近。因为这种人是可望也可及的，而不像那些神人圣贤，只可望而不可即。此外，在十全十美、能力非凡的人面前，或许会使人感到自惭形秽，所以人们不十分喜欢十全十美的"超人"。

2）外貌吸引力

在人际吸引中，容貌、体态、服饰、举止、风度等个人外在因素的作用是非常重要的。一般来说，人们更加喜欢那些外貌有吸引力的人。为什么外貌有吸引力（如容貌漂亮）的人更容易被人喜欢呢？伯斯奇德和沃尔斯特给出了四个理由：①人们在社会化过程中发现，外貌良好的人才值得被爱，不论在影视剧还是在文学作品中，被爱的人常常是漂亮的，因此外貌良好是被人喜爱的重要因素；②同外貌有吸引力的人在一起，在别人面前就显得有面子；③人们普遍认为外貌有吸引力的人还有其他方面好的属性，这也就是我们所说的晕轮效应。

当然，外貌吸引力也并不是万能的。随着人际交往的不断深入，外貌的作用会不断减弱，这时人们更注重一个人道德品质方面的特征。假如一个人道德品质不好，那么人们或许会更加厌恶其外貌。特别是当恶劣行为与其外貌有关时，这种情况更加明显。西格尔的研究证实了这一假设。如果一位漂亮的被告所犯的罪行与她的外貌魅力有关，法官会给她更重的惩罚。可见，外貌与喜欢之间的关系也是复杂的。美丽的外貌也并不是在任何条件下都会被人喜欢，在外貌吸引力与喜欢之间还常常有其他变量在起作用。

三、爱情

爱情是人际吸引的强烈形式和最高形式，也是西方社会心理学家的经典研究课题。爱情有广义和狭义之分。广义的爱情是指存在于各种亲近关系中的爱，意味着人际关系中的接近、悦纳、共存的需要及持续和深刻的同情，能够共鸣的亲密感情；狭义的爱情，是指心理成熟到一定程度的异性个体之间的强烈的人际吸引。

以下我们介绍的内容专指这种狭义的爱情。

1. 爱情的主要特点

（1）一般来说，爱情是在异性之间产生的。

（2）爱情是在个体生理发展到相对成熟时产生的。

（3）爱情是一种高级情感，不是低级情绪。

（4）爱情的产生有其生理基础，不是纯粹的精神之恋。

（5）爱情的基本倾向是奉献，它是衡量一个人对某位异性有无爱情，以及强度如何的重要指标。

2. 爱情与喜欢的关系

关于爱情与喜欢的关系，20世纪70年代初，鲁宾曾进行过专门研究，他指出：爱情与喜欢有着质的不同。鲁宾还编制了测试喜欢和爱情的量表，并总结出了爱情与喜欢有以下几点不同。

（1）在爱情中有较多的幻想，喜欢则不是由对他人的幻想形成的，而是由对他人的现实评价形成的。

（2）喜欢是一种单纯的情感体验，且比较平稳、平和，而爱情则比较狂热、激烈，且与许多相互冲突的情绪有联系。

（3）爱情具有独占性和排他性，而喜欢则并不一定如此。

虽然爱情与喜欢是不同的，但喜欢是爱情的基础。研究表明：影响喜欢的因素也影响爱情的形成。前面所讲的影响喜欢的因素，如能力、外貌、相似与互补、邻近与熟悉等因素也是决定一个人最终选择什么样的人做恋人或伴侣的重要条件。

3. 爱情的类型

在20世纪70年代，某些西方社会心理学者把爱情分为六种类型。

1）冲动型爱情

冲动型爱情又称浪漫爱情，一个人受到对方直接而强烈的身体吸引，令人总是想到对方，总想尽可能多地与对方在一起，对对方的判断往往是不客观的。它产生的条件是：有一定的文化背景为个体提供真实的、或虚构的爱恋对方的模式；有一个爱恋的对象；有自己情感的激发，而且理解这种情感是由爱恋对象所引起的。

对于这种爱情是否能长期保持，研究者的看法也不甚一致。

2）以自我为中心的爱情

这种爱情的特点是：爱情中的一方并不希望被爱恋对象束缚，也不希望爱恋对象被自己束缚，把爱情看作一系列挑战和待解决的难题，避免因承诺而造成负担。

3）依赖型爱情

具有依赖型爱情的人，常表现得焦虑不安、寝食不佳、妒忌心强烈，结局多为悲剧性的。

4）实用性爱情

爱恋者寻找在个性、宗教信仰、兴趣、背景等方面相配的爱恋对象，希望当自己找到合适的爱恋对象时，双方的感情能进一步发展。在由父母安排的婚姻中，这种爱情形式较为多见。

5）结伴爱情

结伴爱情不像冲动型爱情，或依赖型爱情那样激动人心。双方开始时是朋友，或具有相同的兴趣爱好，或在一起工作，彼此逐渐产生了爱情。具有这种爱情关系的双方，即使后来分手了，可能仍然保持朋友的关系。

6）利他爱情

利他爱情基于典型的基督教爱情观念，带有忍耐性和仁爱色彩，爱情中的一方或双方不要求得到回报。这种爱情在现实生活中常常难以实现。

4. 斯滕伯格的爱情三角形理论

曾提出了著名的"三重智力理论"的美国心理学家斯滕伯格，在进行了大量文献综述和实证研究的基础上提出了爱情的三角形理论，这是 20 世纪 80 年代以来对爱情本质的最新阐述。

1）爱情三角形的基本原理

斯滕伯格认为，人类的爱情有三种要素：亲密、激情、决定/忠守，它们组成了爱情三角形的三个顶点。

（1）亲密，指在爱情关系中能够促进亲近、连属、结合等体验的情感。这一要素也广泛地存在于较深的友谊关系之中。

（2）激情，也称"情欲要素"，指的是爱情中的驱动力。这些驱动力能引起浪漫恋爱、体态吸引及爱情关系中其他的有关现象。在爱情关系中，自尊、养育、亲和、支配、服从，以及自我实现等需要也是激情的来源。

（3）决定/忠守包含两层意义：①在短期方面，指一个人做出了爱另外一个人的决定；②在长期方面，指那些为了维持爱情关系而做出的承诺或担保。

但是，这两个方面不一定同时具备，爱的决定并不一定意味着对爱的对象的忠守；同样，忠守也不一定意味着做出爱的决定。在现实中，许多人心理上承担了对另一个人的爱，却未必承认，更不用说做出什么决定了。然而，无论是在时间上，还是在逻辑上，大多数的情况都是决定优先于忠守。

斯滕伯格还对以上三种要素的特性进行了比较，如表 6-2 所示。

表 6-2 爱情要素特性的比较

特性维度	爱情要素		
	亲密	激情	决定/忠守
稳定性	稍高	低	稍高
有意控制程度	适中	低	高
体验的明显度	变化不定	高	变化不定
在短期关系中的重要性	适中	重要	不重要
在长期关系中的重要性	重要	适中	重要
在各种喜爱关系中的普遍性	高	低	适中
心理、生理反应	适中	强	弱
意识察觉的易感性	稍低	高	稍高

斯滕伯格认为：亲密、激情、决定/忠守这三种要素的重要性在爱情中是有主次之分的。根据三种要素在爱情中存在的情况，我们可以把人类的爱情关系分为八种类型，如表 6-3 所示，其中正号代表要素的存在，负号代表要素的缺乏。

表 6-3　爱情的类型

爱情类型	爱情成分		
	亲密	激情	决定/忠守
无爱	-	-	-
喜爱	+	-	-
痴迷的爱	-	+	-
空洞的爱	-	-	+
浪漫的爱	+	+	-
伴侣的爱	+	-	+
愚昧的爱	-	+	+
完美的爱	+	+	+

代表不同爱情的三角形的形状、面积的大小都不同，面积的大小表示爱情的多少，形状表示爱情的三种要素之间的相对关系。例如，等边三角形表示平衡的爱情，因为代表各个要素的顶点到三角形重心的距离相等；不等边三角形代表不平衡的爱情，各顶点到三角形重心的距离是不等长的，距离长表明该要素处于主导地位，距离短表明该要素不足或缺乏，如图 6-2 所示。

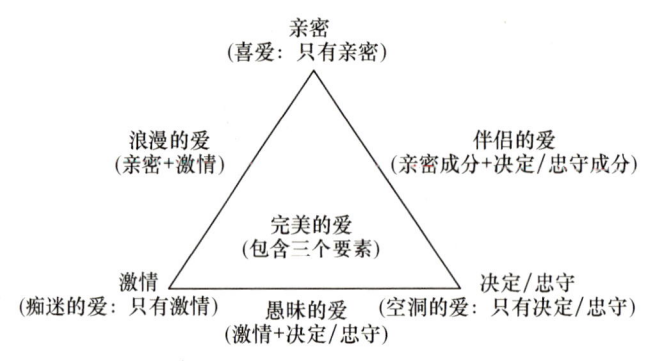

图 6-2　爱情三角形的结构

斯滕伯格又指出，三种要素对于维持两性间爱情关系的作用是不同的，分别以三种要素为主导的爱情关系随时间的持续，其变化的趋势也不同，如图 6-3 所示。

2) 爱情的多重三角形原理

斯滕伯格在爱情三角形原理的基础上，又提出了爱情的多重三角形原理。他认为：在一段爱情关系中，往往存在着多个不同的三角形，这些三角形在爱情关系中都处于重要的地位。其中几个三角形对理解爱情的本质，以及如何处理爱情中的问题，有着非常重要的作用。

（1）现实中的三角形和理想中的三角形。在两性关系中，不仅仅存在着一个人对另一个人的现实的爱情三角形，而且对其中每一个人来说，还存在着一个自己心目中理想

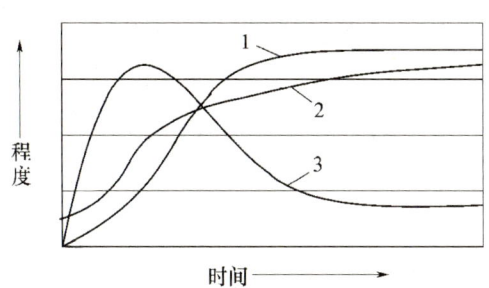

1—决定/忠守；2—亲密；3—激情。

图 6-3 爱情的三种成分随时间而变化的趋势

的对象，以及对其的爱情三角形。这两个三角形不一定相同，如果现实中的三角形偏离理想中的三角形太远，爱情关系的发展就会遇到危机。

（2）自己的三角形和对方的三角形。在爱情中，两个人之间的感情是一个双向的作用过程，既有"己对人"的爱情三角形，又有"人对己"的爱情三角形。这两个三角形如果不能很好地匹配，会影响个人对爱情关系的满意度。

（3）自己知觉到的三角形和对方知觉到的三角形。一个人关于"人对己"感情的认识，相对于另一人来说，就不是自己知觉到的三角形，而变成了对方知觉到的三角形。在现实中，一个人自我感觉对别人很好，别人则不以为然，就是这两个三角形不一致所造成的，这必然影响爱情关系的发展。

在斯滕伯格之前，研究爱情的社会心理学家以鲁宾为代表，其主要贡献是对喜欢和爱情进行区分，并编制了量表，但没有形成理论。斯滕伯格所提出的爱情三角形理论弥补了先前研究的不足，为研究爱情这一人际吸引形式提供了一个比较好的理论模型。该理论所提出的亲密、激情、决定/忠守这三个要素，使我们对爱情有了更深层次的认识，不仅如此，该理论还有重要的现实指导意义，它有助于人们妥善处理自己生活中的爱情关系，也为心理咨询（尤其是人际关系、婚姻恋爱咨询）工作者提供了一个较好的理论基础。

但是，必须指出的是，在斯滕伯格理论中，爱情的三个要素的合理性并未得到充分的验证。他与同事在《爱情的本质》（1984）这一研究报告中虽然采用了系统聚类分析、因素分析等多元统计方法，但结果显示，在爱情中，双方的亲密程度占主导地位，这说明该理论尚有待进一步验证。

下篇　民航服务心理实训

实训 1　民航服务中的知觉偏差

实训目的

（1）在民航服务交往过程中，避免旅客对服务产生知觉偏差。
（2）在不利条件和环境中，做好服务工作。

案例描述

美国西南航空公司为了给旅客留下一个良好的第一印象，他们在提升民航服务人员的仪表、言行上下了很大的功夫。在仪表方面，美国西南航空公司规定空中乘务员身穿橘红色的冬季短裤和橙黄色的紧身上衣，脚蹬白色长靴；在言行方面，美国西南航空公司要每一位空中乘务员对每一位旅客微笑，并用和蔼可亲的口吻对旅客说："欢迎您乘坐爱的航班"，使旅客在见到乘务员时就产生了良好的第一印象，从而对整个航空公司产生好的印象。

服务技巧

（1）利用语言、表情、行为等，消除旅客对服务的知觉偏差。
（2）利用旅客的某些心理因素，创造良好的知觉印象。

自我检测

检测项目	自我评估	改进方案
利用语言消除旅客对服务的知觉偏差	尚未做到　基本做到　做得很好	

续表

检 测 项 目	自 我 评 估	改 进 方 案
利用表情消除旅客对服务的知觉偏差	尚未做到　基本做到　做得很好	
利用行为消除旅客对服务的知觉偏差	尚未做到　基本做到　做得很好	
积极主动创造良好的知觉印象	尚未做到　基本做到　做得很好	

心得体会

实训 2　民航服务中的人际关系

实训目的

（1）巩固并运用相关的人际关系技巧。
（2）切实地提高人际交往的能力。

案例描述

供餐时，12 排 D 座的一位女士用力推了几下前方椅背，让前排的男士调整一下座椅角度，这位男士很反感地回头看了一眼后排的女士，没有理睬她的请求。于是这位女士按了呼唤铃对乘务员说："小姐，你让前面那位旅客把座椅的靠背调整一下，我在用餐。"乘务员笑着说："好的！"然后转身对 11 排 D 座的旅客说："先生，麻烦您……"乘务员的话还没说完，这位先生就很生气地打断了乘务员的说话："你应该跟她讲，飞机设计是合理的，没有说用餐时前面的旅客一定要调直靠背，你居然还帮她说话，你以为我不懂！你这种处理方式是不正确的！"乘务员依然笑盈盈地对他说："先生，您不要生气，您听我把话讲完好吗？用餐时前面的旅客要将椅背调直，便于后排旅客用餐。"他听了很不高兴地说："小姐，你怎么这么讲话！我坐飞机多了，从来没听有这么一说，你应该向我道歉！你去告诉你们机长，我要投诉你！你姓×，我记住你了！"

乘务员返回服务舱，打电话向机长汇报了情况，同时调整好自己的心态，再次进入客舱，来到这位男士身边："先生，对不起。如果刚才我有什么失礼之处，请您多多包涵！我刚才的意思是想跟您商量一下，把座椅靠背调直，方便您后排的旅客用餐。您若不愿意也没关系，如果您觉得坐得不舒服，我可以帮您调换一个座位，让您去前面好好休息，怎么样？"这位先生总算笑了："好了，没事了。"乘务员又走到后排的女士面前，笑着说："小姐，对不起，没能让您用好餐，我向您道歉。要不给您换个宽敞一点的位置……"事情总算解决了。

（赵冰梅. 民航空乘服务技巧与案例分析. 北京：中国广播电视出版社，2005）

服务技巧

（1）不论旅客对与错，乘务员始终以"微笑"面对旅客。

（2）乘务员说话很注重技巧，并不是直接指出旅客的不是，而是用委婉的语言化解矛盾。

自我检测

检测项目	自我评估	改进方案
"微笑"服务	尚未做到　基本做到　做得很好	
良好的心理素质	尚未做到　基本做到　做得很好	
巧妙的语言技巧	尚未做到　基本做到　做得很好	

心得体会

实训 3　民航服务的形象

实训目的

(1) 理解民航服务人员形象的重要性。
(2) 明确塑造良好形象需要培养的素质和技能。

案例描述

机上的普通舱满客，头等舱还有五个空位，最后登机的是一家四口（父母和两个小孩），他们有两张头等舱的机票，另外两张机票对应的座位是经济舱 4C 和 36F，乘务员让他们四人先入座头等舱，并告知等把普通舱的位置调到一起再来请他们过去坐。这时父亲提出："干脆别调了，我们都坐头等舱不就好了？"这时主任乘务长客气地说："对不起，先生，我们公司有规定，普通舱旅客一般不安排在头等舱就座。您放心，我会帮您调个座位，让您和儿子坐在一块儿。"这时，另一名乘务员在后舱迅速调出两个连在一起的座位，父子两人在乘务员的引导下到后舱就座。主任乘务长担心他们会有情绪，就打电话给 2 号乘务长，让她特别照顾好这两名旅客。起飞后，主任乘务长还亲自来到后舱看望父子两人，她对那位父亲说："等飞机下降的时候，我再把你们安排到头等舱，这样，您就可以和您的爱人、孩子一起下飞机。"这时，旅客脸上露出了满意的笑容。

（赵冰梅. 民航空乘服务技巧与案例分析. 北京：中国广播电视出版社，2005）

服务技巧

主任乘务长用自己的细心和周到，在严格遵守公司的规定的同时又为旅客提供了满意的服务。

自我检测

检测项目	自我评估	改进方案
严格遵守公司的规定	尚未做到　基本做到　做得很好	
细心和周到	尚未做到　基本做到　做得很好	

实训 3　民航服务的形象

心得体会

实训 4　订座与售票服务

实训目的

（1）了解售票服务过程中的常用客服技巧。
（2）了解影响顾客情绪的主要因素。

情景模拟

人物：一名美国旅客、一名柜台人员。
地点：候补票柜台。
时间：飞往上海的航班即将起飞，值机员正在给旅客办理手续。
道具：柜台、POS 机、信用卡。
事件：在某机场，一名美国旅客来到国内某家航空公司的候补票专柜柜台出票，在结算时，旅客的信用卡在出票柜台的 POS 机上却不能被识别使用。

柜台人员：您好！请问需要办理什么业务？
旅客：我预定了一张从海口到北京的机票。
柜台人员：请稍等……已查到，航班号……请支付 3500 元（旅客拿出了信用卡，柜台员双手接过卡，在 POS 机上操作，但是操作没成功，随后柜台人员再一次进行操作，操作仍未成功）。
柜台人员：很抱歉，您的信用卡在我们的机器中使用不了。
旅客：我在其他地方一直使用这张卡没有任何问题，为什么在这里不可以呢？
柜台人员：我们也很遗憾，可能是银行系统的问题。
旅客：（摇头）我对此很不满意，这是最基本的服务，为什么会这样？
柜台人员：很抱歉。
（旅客离开柜台，转向一个公用电话求助……）

服务技巧

（1）缓解顾客不良情绪的技巧。

（2）服务补救的技巧。

检 测 项 目	自我评估	改进方案
认识到旅客需求的重要性	尚未做到　基本做到　做得很好	
倾听旅客的要求	尚未做到　基本做到　做得很好	
尽力使旅客感到满意	尚未做到　基本做到　做得很好	

案例阅读

登不了机，该谁责任？

家住大通县的马女士姐妹二人，因有急事要去北京，便打电话到民航西宁机场中心售票处，购买了两张5月10日下午14点50分西宁至北京的机票。当时负责接待的该中心售票处的工作人员，只是在电话中询问了她们二人的身份证号码后不久，两张打折的机票便送到了她们手中，这让平生里第一次坐飞机的马女士喜出望外。此前她们曾听别人讲，乘飞机不像坐火车、坐汽车那样简单，还需要较多的证件、手续……于是在拿到机票后，她们主动要求送票人查验身份证等相关的证件，送票人却用和蔼的口吻谢绝了。10日下午，二人在西宁机场办理完乘机手续后，却被机场安检人员以其所持的身份证过期为由，拒绝其前往候机大厅候机。当时，她们的行李已经查验登机，航空公司根据机场安检部门的要求，将托运的行李卸下，此后飞机正点起飞，飞往北京，马女士二人因此误机。

当她们再次打电话向民航西宁机场中心售票处反映此事时，被告之只能退票！并要收取总票款50%的误机费！而且只能到出票地，也就是西宁机场中心售票处办理。这让她们啼笑皆非。误机不仅耽误了重要的事情不说，还要倒贴进去几百元的退票费，真是"赔了夫人又折兵"。无奈之下，马女士只好从西宁机场打车来到位于西宁市城东区八一路的中心售票处，在咨询该售票处相关的工作人员后，马女士才明白过来，旅客购票应出示本人有效身份证件并填写《旅客订座单》，经航空公司同意后方可购票，而且机票后的"旅客须知"已经告知其购票手续。马女士认为：对于不常使用身份证的人来说，很少注意它的有效期，这样就有可能在无意中使用过期证件乘机。如果民航工作人员在售票时查验身份证件，那么上述情况就可以避免。所以，马女士认定售票机构应对她们姐妹二人的误机负一定责任。

而西宁机场中心售票处却不这样认为，当记者来到该中心就此事暗访时，一位姓尚的负责人告诉记者，责任全部在旅客，售票中心销售机票时，可以不查验旅客的身份证件，而登机就必须持有效身份证件办理手续，这点常识"几乎地球人都知道！"这位负责人还告诉记者，票款只能退给客票上列明的旅客本人或客票的付款人，同时，除凭有效旅客票外，还应提供旅客本人的有效身份证件！

面对这种相互矛盾，又是"单方强制态度"的解释，记者深深地体会到了马女士的无奈。

据了解，为了对广大旅客负责，相关部门规定：旅客在购票时必须出示身份证件。其目的是避免给旅客造成时间和经济方面不必要的损失，让所有乘机旅客都能安全、迅速、舒适地到达目的地。

马女士表示，西宁机场中心售票处这种不负责任的霸道做法，很让她伤心，她一定要找相关部门讨个说法！

（案例来源：民航资源中国网）

10月买票9月登机，持"过期"机票的旅客很尴尬

新疆库尔勒市民陈先生这几天很郁闷，他明明帮朋友买的是10月13日的机票，售票员竟然打成了9月13日，朋友上飞机时才被指出，他们所持的机票整整过期了一个月！

13日上午，陈先生向记者说起此事时很气愤，他说，自己的朋友在北京看病，并且急着去郑州。9月30日，他受朋友委托，在库尔勒市交通路一家机票代售点购买了3张从北京飞往郑州的半价机票。陈先生说，拿到机票后，他发现"时间"一栏里写的是英文，但机票下方的出票时间是当天的日期，他便放心地走了。

正是因为陈先生不懂英文，没有当场发现登机日期的错误，便出现了之后朋友不能登机的尴尬场景。

昨天（13日）早晨，陈先生的朋友赶往北京首都国际机场，打算乘坐7点飞往郑州的飞机。当他们一行3人来到验票口提交身份证进行验票时，验票员却说，他们所持机票已经过期一个月。无奈，陈先生的朋友只好又重新购买了3张全价机票，这才登上了飞往郑州的航班。

接到朋友电话后，陈先生通过电脑翻译发现，机票上航班飞行时间一栏里，本该是10月13日的英文字母"13OCT"，被错误地写成了"13SEP"（9月13日）。

当天中午，陈先生来到这家机票代售点，售票点主管检验机票后，承认是他们的售票员在输入登机时间时填错了日期。这名负责人表示，因为他们的失误给陈先生的朋友造成不便，愿意赔偿他们多付出的机票款，并当面向陈先生的朋友赔礼道歉，但遭到陈先生的拒绝。

陈先生说，这次责任完全在机票代售点，因此，代售点不但应该赔偿朋友从北京到郑州的全价机票款，还要赔偿精神损失费一万元。陈先生的要求遭到机票零售点的拒绝。陈先生表示，他将通过法律途径为自己讨个说法。

心得体会

实训 5　值 机 服 务

实训目的

（1）了解旅客在办理值机手续时有哪些心理需要？
（2）掌握在办理值机手续时，如何满足旅客的心理需要？
（3）掌握在办理值机手续时，如何处理突发情况？

情景模拟

人物：四名上海旅客、一名值机人员。

地点：候机大厅内值机柜台旁。

时间：飞往上海的航班即将起飞，值机人员正在给旅客办理手续。

道具：值机柜台，四只体积过大的纸箱、几只大小不一的包包。

事件：旅客到达目的地后嫌取行李麻烦，就不愿托运超大行李，值机员发现后劝说其托运行李。

值机人员：您好，请问是否要托运行李？

旅客甲忙摆摆手说：没有，没有，我们没有什么要托运的行李。

值机人员为旅客甲等四人办理好登机牌，当他们离开值机柜台时，值机人员见他们携带四只体积过大的纸箱，还有几只大小不一的包包，于是值机人员就叫住他们。

值机人员：先生，您的行李体积过大，需要托运。

旅客甲立刻解释：不大，不大，没有几样东西，很轻的，拎得动。

值机人员继续劝导：这样不行的，要办理托运手续。

旅客甲：到上海时都晚上 9:30 了，再提行李又要等 40min，上海浦东机场的公交车就没有了。

值机人员耐心地劝说旅客：让您托运行李是为了方便您的出行，因为飞机机舱内的空间比较小，而且今天又满载，大家又有自己的行李，客舱一定会更拥挤。再说，由于您行李不符合上机规定，乘务员肯定让您把行李托运后再让您上飞机。到那时，您更麻烦，弄不好，飞机延误，到上海的时间就更晚了。既耽误了您的时间，也耽误了其他旅

客的时间。

旅客甲一行四人听完值机人员的一席话，觉得有道理，高兴地把行李托运了。

服务技巧

（1）换位思考，遇到旅客违反民航相关规定，不能歧视、嘲笑旅客，不能严加指责旅客。因为旅客不是专业的民航工作人员，有些旅客甚至是第一次坐飞机，对民航相关规定可能不了解，旅客出门在外都有求快、求方便的心理，当遇到问题时，民航服务人员要对旅客进行耐心劝导，一般情况下旅客都会理解。

（2）根据旅客的言语、行为特点，判断旅客的性格特点、气质类型，对不同性格类型的人要采用不同的对待方法。

（3）不能因为旅客求情，嫌麻烦就违反民航规定，造成安全隐患。

自我检测

检测项目	自我评估	改进方案
坚持按民航规定办事	尚未做到　基本做到　做得很好	
对旅客进行耐心劝导	尚未做到　基本做到　做得很好	
设身处地为旅客着想	尚未做到　基本做到　做得很好	
根据旅客的性格特点采取适合的服务方法	尚未做到　基本做到　做得很好	
在工作中细心观察，不能马虎	尚未做到　基本做到　做得很好	

案例阅读

登机手续未办好，谁的责任？

某日，吴女士乘坐 A 航空公司某航班由北京至济南，航班起飞时间是 9：40，吴女士 9：00 到达机场柜台排队办理手续。在吴女士之前有 5 人正在排队，吴女士认为时间足够，没有要求提前办理。可是柜台服务人员动作特别慢，吴女士着急地提醒能否快一点（队列里很多旅客也都在抱怨其速度太慢），可是当吴女士办理手续时已 9：11 了。柜台工作人员告诉吴女士航班通道已关闭，让她去 B 航空公司柜台。吴女士不清楚怎么回事，没有同意，并要求柜台服务人员帮助想办法处理。柜台服务人员让吴女士去找值班经理，等了一阵值班经理来了，告知吴女士这班赶不上了，转下一班，结果下一航班满客，转到晚上 19：00 的那一班。

吴女士认为，她买的是 A 公司机票，而且在 A 公司柜台办理手续，凭什么让她去找 B 公司。并且在她排队办理手续时前边五个旅客 10 分钟是足够的，造成她误机的原因是工作人员业务能力不强，所以吴女士不但要求 A 公司帮助其签转，还要赔偿下午的工作损失费。吴女士给有关部门打了投诉电话，A 公司值班经理帮吴女士协调了 B 公司，B 公司为吴女士签了中午 1 点的机票。

人跟行李走，登上传送带

眼看着自己的行李搭着"传送带"走了，某位女乘客赶紧跟着行李"上飞机"。一位女旅客因首次乘坐飞机没经验，踩着行李传送带就准备登机，幸被一旁大惊失色的值机工作人员救下。

"女士，危险！你要干什么啊？"7月26日下午4时左右，在深圳机场南航CZ3356航班办理登机手续的值机柜台旁，正在负责旅客行李安全检查的当班值机彭主任听到工作人员的高喊回头一看，大吃一惊：一位女性旅客正颤巍巍地站在行李传送带上，被行李传送带向行李入口处"传送"，眼看女性旅客距离入口越来越近，情况十分危急。彭主任立即拨通了机场公司弱电部门电话，紧急要求83号值机柜台之后的全部传送带暂停作业。

眼见旅客距离传送带终点不到几个柜台的距离，如果旅客被传送带顺势"卷走"，后果不堪设想。正在工作的另两位南航工作人员不顾个人安危迅速冲到旅客旁边，一边紧紧回拽旅客的手，一边拦腰截住正在不断"前行"的旅客。就在该女子即将被传送带"卷下"进入行李分拣区的危急时刻，传送带突然停止运作，大家这才松了口气。

原来，这位女性旅客购买了南航CZ3356航班的机票，打算由深圳乘机前往武汉。因为是初次乘机，她在南航地面服务人员引导下托运了两件行李。由于行李需要开包检查，依照惯例，何女士被机场安检员请到了柜台内自行打开。检查后，工作人员将何女士的行李放在了传送带上，传送到分拣区。看到自己托运的行李正从传送带上顺势"前行"，不明白乘机方式的何女士一着急，紧跟着自己的行李一步跨到了传送带上，打算跟着自己的行李一起到传送带尽头某处"登机"。

第一次遇到这种情况的南航工作人员得知原委后哭笑不得，在一番安全警示教育之后，南航工作人员又耐心给何女士讲解了乘机程序，将其送上了飞机。

心得体会

实训 6　候 机 服 务

实训目的

（1）强化责任意识，将服务理念落实到具体工作中。
（2）提升服务人员调节他人情绪的能力。

情景模拟

人物：李先生、服务人员。
地点：候机大厅登机口。
时间：在登机口等待登机。
道具：一把椅子、一张桌子组成一个问询台。
事件：情绪是可以转化的。

2018年5月10日上午8点左右，李先生来到首都机场，准备乘坐南方航空航班前往深圳参加学术交流会并做主持发言，因天气原因，前一天改签了一次，没想到第二天到机场时又被临时通知因空管原因不能按时登机，当李先生到前台询问时发现服务人员小张在回答其他人问题，对方并没有及时回应李先生，这时李先生表现得非常愤怒，"你们沟通时间要这么久吗，对我的话没有反应，你们的服务是怎么搞的？"前台服务人员小张说："很抱歉，先生，你有什么需要，请说。"李先生很不高兴地说道："你光道歉有什么用，又不能解决实际问题。"随即转身就走。这时值机员小王面带微笑走过来，并说："非常抱歉，让您为难了。"并引导他到一个宽敞的位置坐下，与李先生进行了沟通并了解了基本情况，认为他现在的状况确实让人焦虑，并表示这个焦虑的情绪可以理解。随后李先生沉默了一会，情绪慢慢平静了下来，说了一句："不好意思，我知道也不是你们的问题。"

服务技巧

随着近年来航空公司的快速发展，航空服务质量的高低直接影响旅客的忠实度，民航服务人员掌握语言沟通和情绪应对的技巧越来越重要。本案例中小张和小王都是航空服务人员,但其不同的服务方式体现了服务的质量的高低,尽管前台服务人员小张在回答另一个旅客的问题也是在尽责,但是没有灵活地照顾一下旅客李先生的感受,使李先生感到没有被尊重。因此,航空公司应对小张进行服务心理学的培训。

在本案例中,民航服务人员小王的做法体现了中国南方航空股份有限公司坚持"以人为本"的管理理念,实施文化战略,以"让南航成为客户的首选,成为沟通中国与世界的捷径"为公司使命,以"南航人、客户至上、安全、诚信、行动、和谐"为核心价值观,倡导"对员工关心,对客户热心,对同事诚心,对公司忠心,对业务专心"的企业文化。给旅客以全方位的享受,这就包括心理上的享受,除了主动的服务,民航服务人员还应给旅客营造和谐的氛围。航空服务精神是以情服务,尽心做事,建立在"以人为本"的基础上,为旅客提供个性化服务。如果航空服务人员连旅客最基本的被尊重的需求都满足不了,又何谈用心做事呢。所以尊重旅客,理解旅客在民航服务人员的服务中起到重要的作用,理解的前提是学会换位思考。假如自己是旅客,碰到这种情况,是不是也会焦虑不安,也很愤怒。民航服务人员在工作中要时刻牢记"以人为本"。

自我检测

检测项目	自我评估			改进方案
服务能力	尚未做到	基本做到	做得很好	
沟通技巧	尚未做到	基本做到	做得很好	
掌握应对情绪的语言能力	尚未做到	基本做到	做得很好	

案例阅读

民航资源网 2019 年 8 月 30 日消息:8 月 28 日,时值暑运高峰,红土航空旅客服务部地服分部针对延误航班的滞留旅客再次在登机口开展暑运特色活动。

当天从昆明出港的 A67143 航班,因华东区域流量控制导致航班延误,公司 AOC 发布的延误时间是下午 15:00。因考虑到航班延误时间较长,旅客在登机口大概要等待 5 个多小时,加之天气炎热,旅客容易产生焦虑情绪。按照暑运前地服分部的策划筹备方案,结合暑运期间多次为延误航班的滞留旅客开展特色活动的经验,红土航空旅客服务部地服务分部决定当日再次在登机口开展主题活动,以缓解旅客的焦虑情绪。首先,按照延误处置方案,地服分部第一时间向登机口旅客发布了延误信息及延误原因,并实时更新延误信息,对有后续航班的旅客及时安排专人协助落实退票、改签事宜。

红土航空旅客服务部地服分部持续开展的登机口暑运特色活动,得到了旅客的好评和认可。这些活动体现了一线工作人员认真贯彻"安全第一,真情服务"的准则,同

时真正实现了为旅客提供安心、省心、舒心美好旅程的目标。暑运后续及接下来日常保障，地服分部将总结活动及保障经验，持续优化和丰富活动，为旅客提供优质的出行体验。

来源摘自：民航资源网（供稿：湖南航空股份有限公司）

航班推迟　服务人员用心沟通

2019年3月20日，唐先生从哈尔滨太平国际机场乘某航班前往广州白云机场，原本当天16:00点就该起飞的航班，拖到16点30分还没有起飞，广播一直提示是因"天气原因"不能起飞，过了一段时间，又通知18:00点也不能起飞，这时唐先生烦躁不安，因天气原因航班一推再推，直到晚上10:00点机场宣布取消当日航班，旅客可改签次日航班，这时唐先生非常愤怒，对着服务人员大吵大闹，十分不满，在这种情况下，民航服务人员小刘主动承担起安抚唐先生情绪的工作，一是表示对唐先生遭遇的理解。小刘说，这种事情谁碰到都会不舒服，对唐先生的这种心情能够理解并为此表示道歉。这时唐先生情绪有所缓解，但仍有不满。二是立即说明了第二天飞机的班次安排，并把行李安排事项进行了说明。三是跟唐先生进行主动沟通，了解到唐先生因为家母病重回老家探望，母子情深，唐先生非常担心母亲去世。小刘说道："您妈妈有您这样的儿子是种幸福"，肯定了唐先生孝心。四是耐心解释会尽快安排好食宿问题；五是提醒唐先生注意航空公司的通知，公司的相关人员会提醒大家起床、早餐、行李托运及飞机起飞时间的。唐先生冷静思考后，觉得这也确实不是民航服务人员的问题，同时也感谢小刘，服务周到热情，能够及时洞察旅客情绪，服务水平高。

心得体会

_____
_____
_____
_____

实训 7　空 中 服 务

实训目的

（1）理解心理学知识在客舱服务中的运用。
（2）熟练掌握客舱服务技巧。

案例描述

沟通与冲突

某航班上，普通舱基本客满，头等舱只有一个空位 1A，有两位同行旅客，其所持登机牌分别是 1D、19E，19E 的旅客什么也没说就坐到了 1A 的位置上，乘务员走上前，轻声说："您好，先生！如果您想坐这儿，我们很乐意给您办理升舱手续。"但这位客人不想办，并表示两人一定要坐在一起。乘务员建议该旅客用完餐再过来坐，希望他理解和配合她们的工作。这时旅客突然捂着胸口说："我晕，胸闷！你真烦，我先坐一会，急什么？"乘务员也不好再说什么，问他要不要紧。这位旅客说："等我稍微舒服一下就走。"飞机起飞后，乘务员并未发现他有什么不适的症状，闭目养神，一直坐到飞机落地。乘务员对此感到十分无奈。

在飞机上有一处叫紧急出口，在紧急出口旁边的座位叫紧急出口座位，因此航空公司对坐在这里的旅客就有一些特殊的规定，如一些老、弱、病、残、孕旅客就不能坐。某航空公司的航班上却发生了这样的事情：在旅客登机后，乘务员在检查客舱的时候发现一对夫妇带着一个两岁多的小孩，坐在机翼上的紧急出口处，而且随身所带的很多婴儿用品都堆放在座位上及其周围，便马上走过去要为他们调换座位，但是旅客不愿意。乘务员耐心向旅客解释："先生，这是紧急出口，不满 15 周岁的旅客坐在这儿是不符合安全规定的。您看是否……"可话音未落，该旅客便勃然大怒："什么道理啊！我换登机牌的时候怎么没人跟我说，我觉得这儿挺好的，又宽敞又舒适，你们的飞机不是最安全的吗？飞行中能有什么危险？想让我换，门都没有！"乘务员被说得哑口无言，觉得很委屈和为难，最后只好请示乘务长做出处理。

服务技巧

为了维护客舱舒适的环境和安全秩序，乘务员在面对不配合的旅客时，要特别注意说话的语气、语调，注意不要伤害旅客的自尊心，即使旅客无理，也要用诚意打动旅客。当飞机起飞后乘务人员可再次提醒，请旅客配合、支持、理解乘务员执行公司规定的行为，请旅客对号入座或办理升舱手续。乘务员还可以与其同伴沟通，协助做好头等舱的服务管理工作。如果该旅客不愿升舱，又称身体不适，我们可以明确告知，为了不影响其他头等舱的旅客，同时又便于乘务员照顾，可将其座位调到后排，如有必要还可以帮助其通过广播寻找医务人员。

针对出口座位，航空公司还有个规定就是不能放零碎物品，如随身的小包，脱下来的衣服等。但是经常有些旅客不懂这些规定，不肯把包放到行李架上。遇到有关于安全的问题的时候，乘务员应该更有耐心，语言要更有说服力，而且态度要坚决，要让旅客知道坐在这儿的重要性，要和旅客说明紧急出口的作用和要求，最好让周边的旅客一起来说。乘务员可以说："先生（女士），根据民航局的规定，您需要把您的包放到行李架上，我来帮您放吧？"如旅客还是不理解、不肯放，乘务员可以说："要不我给您换个座位，坐在那边的座位，您的包可以随身携带。"如果旅客还是固执己见，不肯放，乘务员就可以说："您如果不放上去，您会威胁到飞机上其他旅客（声音稍微大点让其他旅客听见）和您自己在紧急情况时候的安全和撤离的速度。"这样，该旅客就会意识到问题的严重性，也会迫于其他旅客的压力配合乘务员的工作。

自我检测

检测项目	自我评估	改进方案
掌握不配合乘务工作的旅客的心理	尚未做到　基本做到　做得很好	
对事件的了解	尚未做到　基本做到　做得很好	
化解旅客抵触心理的表达方式	尚未做到　基本做到　做得很好	
促使旅客配合的措施	尚未做到　基本做到　做得很好	
事后对旅客的安抚	尚未做到　基本做到　做得很好	

案例阅读

细节，让飞行更安全

连日的小雨暂时告一段落，清早的阳光给南京带来多日不见的明亮，虽然已是春天，但南京的室外仍然寒冷。

我今天服务于南京至北京的MU2801航班，一切准备就绪后，正常上客，预报的旅客人数不多，在上客过程中，我发现大部分旅客是返程的学生、商务旅客，有很多是初次乘机的旅客。

"你好,小姐,请您帮我看一下我的座位在哪,好吗?"一位大学生模样的女孩,拖着行李箱,刚进飞机门口,就羞涩地问我。我看到她的登机牌显示"10 排 F 座",微笑着对她说"小姐,是客舱中部 10 排靠左手窗户的座位,你可以从行李架下方黄色亮灯处找。"刚说完,我突然发现她拿登机牌的左手大拇指是断指,而她所坐的位置又正好是飞机的紧急窗座位,我脑子里很快地意识到,万一遇到紧急情况她就做不了我们乘务组的援助者,进行紧急窗须知宣讲的乘务员还是位刚放飞不久的新手乘务员,一定不会观察到那么仔细。我考虑到还在陆续地上客,如果立即和她说明原因并调换座位,万一被其他旅客听到,会伤害她的自尊心。所以我决定在登机快结束时,再让已经向她介绍过紧急窗须知的乘务员和她说明原因,为她调个座位,我想她会欣然接受的。

在等待随机文件的时候,我向乘务长汇报了此事,之后便示意站在紧急窗服务位置的新手乘务员到前舱,告诉她这一特殊情况,并叮嘱她不要太大声让周围旅客听到。我远远地观察着,心想一旦这位小姐拒绝或是新手乘务员的解释不能让她理解时,我就亲自前去向她解释。所幸,在不到半分钟的交流后,我就看见新乘务员帮她调至 9 排 C 座。看到这位女孩在新座位上安然入座,我和新手乘务员相视一笑。

很小的一个细节,有时会关乎整个飞机的安全,这时就需要乘务员有一双善于观察的慧眼。

(资料来源:中国民航新闻信息网 周亮)

用聊天打开旅客的心扉

曾有人问:"世上最难的工作是什么?"许多人认为与人打交道的工作最难。作为服务者,每天都要接触不同心情、性格、经历、思维的旅客,虽然是短暂的相识,但我们却要力争给他们留下温暖的回忆。那天在从上海至深圳的航班上,因航班稍有延误,有位旅客便强烈要求投诉。虽然我一直赔礼道歉并试图为其调换座位来安抚他的情绪,换来的却是"我就是心情不好,就是要找你们发泄!"飞行十多年了,面对如此明显不讲道理的旅客也真算是"老同志碰到了新问题"。

飞行中,无论发生任何事,我们首先要调整好自己的心态,再以耐心、细心为基础,以随机应变为准则,因人而异地和旅客进行有效的沟通,相信任何问题都会迎刃而解!

想着这些,我说:"那怎么样可以让您开心点呢?"可这次出乎意料的是,这位旅客一下子改变了语气,平静地说:"小姐,我想请问一个关于女人的问题。"我疑惑了。为了不影响到其他旅客,我帮这位旅客换了座位后,和他聊了起来。

原来这位旅客的女朋友为他抛弃了自己的家庭和孩子,现在却又想和他断绝往来,而热恋中的他却始终不知道为什么。"为了她,这次我拎了两箱荔枝。"他说。

"其实女人更多的是需要精神上的给予,如理解、谅解、支持和呵护。每个人都希

望自己身边有一个成熟、豁达、胸襟宽广的男人。有时一条真诚的短信也许更易让她接受。当然不排除人生中有很多您喜欢的却不一定适合您。"我说。

"她适合我的。"

"那您更应该时刻注意自己的良好形象噢！既然您让我坐着，肯定也是把我当朋友了，请恕我直言，如果刚才您的女朋友坐在您身边，我想她肯定会不满意您刚才不谅解他人的行为吧……"

听了我的话，这位旅客沉默了。

"不和您多聊了，我还有很多工作没完成，祝您快乐并且顺利。但首先一定要调整好心态噢！"

"小姐，刚才真不好意思。"

看着旅客默默地思考着他的人生问题，我感觉自己又一次在工作中成长了。让我们学会随时绽放自己的微笑，释放原本的烦恼吧！

（资料来源：中国民航报 戴霖）

> **心得体会**

_____

_____

_____

_____

实训 8　行 李 服 务

实训目的

（1）了解旅客的行李出现的问题后，旅客有哪些心理需要。
（2）熟悉服务人员处理行李问题的程序。
（3）掌握处理行李问题的技巧。

情景模拟

人物：李先生、工作人员 A、工作人员 B。
地点：国际行李查询处。
时间：新加坡到北京的航班到港，旅客提取行李。
道具：行李查询处、电话、座椅。
事件：李先生乘坐从新加坡到北京的 CA958 次航班到达目的地后，发现其所携带的行李丢失了，工作人员经过多方努力，最终物归原主。

（李先生匆匆到达国际行李查询处）

李先生：（急促地）您好！我的行李丢了，能不能帮我查一下，里面有很重要的东西，找不到行李，我就不想活了。

工作人员 A：先生，您不要着急，我们会尽全力为您服务的。请您先告诉我，您乘坐的航班号，好吗？

李先生：（从随身的袋子中找出了机票，递给工作人员 A）我是刚从新加坡出差回来的，行李中有公司的资料啊，一定得找到啊。

工作人员 A 从机票上了解到，这位先生姓李，乘坐的是从新加坡到北京的 CA958 航班，行李的编号是 PEKCA2408X

工作人员 A：李先生，您好！请您稍等，我们马上派工作人员去寻找。请您描述一下您的行李外观，方便我们寻找。

李先生：（用手比画）大概这么高、这么长，红色的、帆布的。

工作人员 A：好的，请您稍等。

 实训 8 行李服务

工作人员A：（电话联系中）您好！我是国际行李查询处，有位乘坐CA958航班旅客的行李找不到了，请您协助看一下，行李的编号是PEKCA2408X，行李为红色，60乘30。好的，等您回复。

李先生：怎么样？能找到吗？

工作人员A：请您到旁边凳子上安心等候，我们一定尽全力帮您寻找。

（十分钟后，电话响起，零零……）

工作人员A：您好！国际行李查询处，请问有什么能为您服务的吗？……哦，找到了……红色的，没错……什么？行李编号不对。哎，看来是错拿了。

（李先生听到这，先喜，后悲）

李先生：什么？错拿了，我的行李被人领走了，这可怎么办，买箱子的时候还专门挑了个红色的，醒目，这可好，这么重要的东西丢了，公司非炒我鱿鱼，哎怎么办啊（手抱头，抓头发，痛苦状）……

工作人员A：李先生，您先不要着急，我们会尽力帮您追回错拿的行李的。

李先生：不着急，若换成是您，您不急吗？

工作人员A：您的心情我们能理解，请相信我们。

李先生：相信你们？旅客领取行李的时候，你们都让他们随便拿走，还怎么相信你们……

工作人员A：（微笑）李先生，我代表我们全体工作人员对我们工作的失误表示道歉，实在对不起。不过请您相信我们一定会把您的行李交到您手中的。请您留下您的地址和联系方式，我们会尽快和您联系。

李先生：（写联系方式）我可警告你们，务必找到，我行李内装的是价值5000多元的相机，还有用钱买不回来的资料。找不到你们至少得赔精神损失十万。

（李先生留下联系方式后，拿了自己的机票，生气地离开了）

旁白：面对旅客巨额的索赔要求，国际行李查询处的工作人员由此开始了艰难的查找错拿行李旅客的工作。依据有关规定，国际行李查询处的工作人员，在留下的行李内，查到了错拿行李旅客的姓名、地址、电话。拿错行李的旅客叫张富，是一个留学生，家在陕西省某市，有十几个联系电话，工作人员只得一个个拨过去。

工作人员B：（自语）都打了十五个了，都不认识。这是最后一个了，但愿能找到。

工作人员B：（拨打电话）请问您是张富先生吗？

电话那头：（老头的声音）啊！什么？丈夫先生？小姐，我老伴两年前就去世了，听您的声音应该是挺年轻的，怎么能随便叫人丈夫呢？现在的年轻人啊，没法说。

工作人员B：老先生，您搞错了，我找的人是姓张名富，弓长张，富贵的富。

电话那头：哦，找张富。

工作人员B：是的，您认识他吗？

169

电话那头：张富？有人叫张富吗？没有。

旁白：电话的另一边不是"不认识他"，就是"没听说过"。无奈，国际行李查询处的工作人员又仔细查找旅客的行李，希望能从里面发现蛛丝马迹。国际行李查询处的工作人员从行李中找到了一张7天后旅客回新加坡的机票。通并过订座系统了解到，确认张富的确购买了7天后从北京到新加坡的机票。只能等7天后，旅客来乘机时了。

在这7天中经办此事的工作人员A，每天除一通近一个小时的电话安慰被拿错行李的旅客李先生外，还加紧了与国航驻新加坡办事处的联系，希望国航驻新加坡办事处的工作人员能协助查找另一位旅客张先生的下落。

新加坡办事处：您好！这里是国航驻新加坡办事处。

工作人员A：您好！我是一直和你们这边联系的北京机场国际行李查询处的工作人员A，请问昨天拜托您查询的张富先生的信息有新的进展了吗？

新加坡办事处：我们查了订票记录，查到了他当地的电话，可是没人接听。

工作人员A：（失望地）没人接听啊。

新加坡办事处：您放心，我们会接着联系的，有消息了马上就告诉您。

工作人员A：那就拜托你们了。

新加坡办事处：不用客气。

旁白：就在办事处多次查找无果，行李查询室也准备放弃查找的时候，一个月以后，一个办事处发来了传真。

工作人员B：您看这份新加坡办事处的传真，好像是关于一个月前那位错拿行李的张富先生的。

工作人员A：真的吗？我看看……（阅读传真，激动的）真的找到了张先生，不过……

工作人员B：不过什么？

工作人员A：不过上面说张先生否认拿错别人行李。

工作人员B：这可怎么办？

工作人员A：看来这件事情还得努力。

旁白：一份份传真昼夜往来于新加坡和北京，经过国航驻新加坡办事处的工作人员给旅客张先生做大量细致、耐心的工作，张先生终于承认，自己确实错拿了别人的行李。

一个星期后，国际行李查询处将行李送到了李先生的手中。

服务技巧

由于民航工作的特殊性，旅客的行李在转运过程中会遇到各种各样的情况，如漏装、破损、遗失、错运等，这些都会给旅客造成极大的不便。

当旅客发现自己的行李出现问题时，一般会有以下几种心理。

（1）心理落差较大，情绪变化十分明显，有时可能还会出现过激行为。

（2）迫切想知道自己行李的行踪，并急于想拿到自己的行李。

（3）要求补偿的心理比较明显，这是旅客的自我保护意识的体现。

针对旅客的心理，民航服务人员人员在服务时应做到以下几点。

（1）充分理解旅客的情绪，并站在旅客的角度来考虑问题。

（2）调整好自己的情绪，避免与旅客发生冲突，避免自己的情绪受到旅客的情绪的牵制。

（3）用积极的态度和行为来感动旅客。

（4）按照相关规定给予旅客适当的赔偿。

自我检测

检测项目	自我评估	改进方案
清楚有关行李托运的规定	尚未做到　基本做到　做得很好	
面对焦急的旅客能镇定自若地处理问题	尚未做到　基本做到　做得很好	
面对气势汹汹的旅客能微笑以对	尚未做到　基本做到　做得很好	
理解旅客在发现行李出现问题后的心情	尚未做到　基本做到　做得很好	
积极协助旅客解决问题	尚未做到　基本做到　做得很好	

案例阅读

航空行李运输规定抛脑后，险些丢失重要财物

航空承运人为了避免旅客和航空公司双方因运输失误造成难以弥补的损失，制定了诸多关于行李运输规定，用以保护双方的利益。但是有的旅客置承运人的规定于不顾，往往事到临头才意识到危险已经迫在眉睫。

2008年7月21日，旅客周女士乘CA1208航班从西宁经北京转往杭州。周女士在杭州机场发现一件托运的行李未同机到达，想起行李内装的14万元巨款和一台手提电脑，周女士顿生不祥之感，快步来到行李查询柜台进行申报，因事关重大，杭州行李查询处的工作人员提醒旅客向杭州机场警方报了案。

接到杭州行李查询处的电话后，北京行李查询处当班的工作人员立刻通过信息系统，调取到CA1208航班一位多收行李的旅客的信息，通过中航信系统确认这件多收行李被错拿。而此时，这位多收行李的旅客已经携周女士的行李赶往唐山。

借助信息系统中记载的旅客联系方式，在北京行李查询处和警方的共同努力下，装着巨额现金和手提电脑的行李终于在22日下午三点多钟被送回北京行李查询处。根据承运人运输规定，行李内不得夹带现金和贵重物品，这件被换回的行李不能用航空运输

的方式发回杭州机场,旅客周女士又不同意汇款,所以最终旅客自己购买杭州—北京的机票,取回了这件行李。

据周女士讲,像这样将大量现金夹带在托运行李内运输,已经不是第一次,以前也从来没有出现过任何问题。殊不知,民航部门之所以出台相关规定,就是为了避免旅客发生无法弥补的损失。根据相关部门统计,旅客的行李发生运输事故率在5%以下。而这其中的事故,行李延误、破损和暂时性少收占到95%左右,最终丢失的行李加上内物丢失的行李,仅占行李事故率的5%。通过以上分析,我们可以看出,绝大部分旅客的托运行李是安全的。当然,对于行李出现运输事故的旅客来说,的确很不幸。就拿周女士而言,首先她没有遵守航空公司的行李运输规定,属于违约在先。同时反映出旅客对于行李运输的基本常识,缺乏应有的了解。根据责任和义务对等的原则,行李中夹带的现金和电脑等物品一旦出现问题,航空公司只能按一般托运行李承担赔偿责任。周女士的行李如果没有找到,承运人对于旅客赔偿,只能按照普通舱免费行李重量二十公斤,每公斤赔偿100元人民币,即整件行李两千元人民币的标准进行赔偿。而其余损失只能由旅客自己承担。

服务疏忽的代价

旅客B先生乘CA1310/04FEB从广州到北京,然后转乘AC032/04FEB到多伦多,其托运的两件行李CA5809XX和CA07159X没有与旅客同机到达,B先生在首都机场2号航站楼国内行李查询柜台做了行李少收事故记录,记录编号为PEKCA8350X。旅客在广州办理两件行李托运的重量为46公斤,申报的物品价值为8000元人民币,虽然旅客B先生没能取到托运到目的站为北京的两件行李,但是旅行经验丰富的B先生按照原计划继续乘机飞往加拿大多伦多。

旅客行李丢失期间,行李查询处不断地为旅客进行查找,很快,两件均发生掉牌的行李被找到,并选择AC032/09FEB运往多伦多机场。行李到达后,多伦多机场行李查询处的工作人员没能将到达行李的信息输入"环球行李查询系统",两件行李因而无法在系统内进行自动核对,当然机场方面更无法通知旅客及时提取行李。

旅客B先生因为一直没有得到行李的线索,终于对找到行李失去了信心,情急之下,旅客开始采用投诉的方法表达其愤怒。对于发生在国内段的行李丢失,行李查询处也深感疑惑,明明已经将行李找到运出,为什么旅客迟迟得不到任何信息?经行李查询处多次联系多伦多机场,终于在2月24日旅客得到了机场方面要求他自行到机场提取行李的通知,原来,多伦多机场有两个航站楼,国航和加航分别使用不同的航站楼,如果相关人员有这方面的经验,应该选择原承运人的航班运送找到的行李,但工作人员因经验不足,为尽快将行李运出,恰恰选择了加航的航班运输被找到的行李,虽然都是多伦多机场,但是两个航站楼之间仍有距离,这就造成了行李衔接方面的问题,直接导致旅客B先生二十天后才取到自己的行李。

旅客 B 先生提取行李时发现行李箱破损，大部分的西服、羽绒服、药品、中药材等内装物品丢失，两件行李只剩下 6 公斤，损失物品重量为 40 公斤。B 先生当场向机场行李查询处申报，但是由于旅客是在北京办理少收行李运输事故的记录，因此当地机场行李查询处不予受理。旅客 B 先生于 2 月 26 日回到北京行李查询国内柜台申诉，根据航空公司的有关规定，工作人员为旅客补做了行李内物丢失和破损的运输事故记录，编号为 PEKCA2408X，最终旅客丢失的物品未能找到。

在与旅客协商赔偿期间，B 先生要求按照国际航线的标准，以及因为民航工作人员工作方面的失误对行李延误期间造成的损失和丢失的物品进行赔偿。对于旅客 B 先生提出按照国际航线标准赔偿，工作人员向旅客 B 先生做出解释：旅客与航空公司缔结运输合同的条件，包含始发站、经停站和终点站及行李运输等很多内容，这些内容仅限于国内航线，旅客购买机票或合同内容的载体——电子客票，被视为接受合同的运输条件，旅客和航空公司应该在这一基础上协商。经过旅客 B 先生反复考虑和工作人员多次解释，B 先生同意接受按照国内重量限额标准赔偿行李内物丢失人民币 4000 元整。

考虑到此案系民航服务人员的工作失误所致，对旅客 B 先生提出的行李延误期间多次电话与承运人联系所发生的费用，以及旅客投诉升级可能造成的负面影响，航空公司还为 B 先生办理了运输信用证作为补偿，这一处理得到了旅客 B 先生的认同。

（案例来源，参见杨芳-旅客服务，行李专题，网址：http://www.carnoc.com/user/yangfang/）

心得体会

实训 9 特殊旅客服务

实训目的

(1) 了解特殊旅客的概念，掌握民航特殊旅客的类型。
(2) 根据特殊旅客不同的心理需求，为特殊旅客提供有针对性的服务。
(3) 熟悉航空服务人员在为特殊旅客服务过程中不同的角色定位。
(4) 在服务过程中，能够根据特殊旅客的某些"突发情况"做出快速反应。

情景模拟

情景模拟一

人物：乘务员小王、无成人陪伴儿童陈×。
地点：合肥至广州的 CZ3818 次航班上。
时间：2008 年 5 月 8 日 16 时 05 分。
道具：一把座椅。
事件：无成人陪伴儿童的服务。
小王：小朋友你几岁了呀？
陈×：六岁。
小王：哦，年纪这么小就一个人坐飞机，你好勇敢哦。
陈×：谢谢姐姐。
小王：一会飞机就要起飞了，我帮你把安全带系好，你要乖乖坐好，不能乱动噢。
陈×：哦，知道了。
小王：嗯，小陈×真听话，在学校一定是个好学生。

情景模拟二：

人物：乘务员小李、盲人旅客张先生。
地点：北京至青岛的 CA1569 号航班上。
时间：2008 年 3 月 20 日上午 10 时 35 分。
道具：餐车、凉茶、雪碧、橙汁、可乐、热茶等饮品、纸杯
事件：无成人陪伴的盲人旅客的服务。

实训 9　特殊旅客服务

　　乘务员小李早早地站在了舱门处，准备迎接今天的特殊旅客——盲人旅客张先生。张先生在机场服务人员的陪同下，登上了飞机，"您好！张先生，欢迎登机！我是本次航班的乘务员小李！"小李微笑着问候，并轻轻扶着张先生的胳膊，将他引领到座位上。

　　小王：张先生，我们的服务台就在您座位的旁边，您有什么需要随时可以叫我。

　　张先生：好的，谢谢你呀。

　　小王：不用客气，这是我们乘务人员应该做的。

　　小王：张先生，您需要喝什么饮料？我们这里有凉茶、雪碧、橙汁、可乐，还有热茶，您需要哪一种？

　　张先生：来杯热茶吧。

　　小王：好的，您请稍等，我先帮您把小桌板放下来。

　　（为防止热茶烫手，小王特地使用了两个纸杯）

　　小王：张先生，您的热茶（细心的小王将热茶递到了张先生的手上）。

　　张先生：哦，好的，谢谢。

　　小王：不用客气，张先生，您慢慢喝，过一会我再过来给您加茶水。

服务技巧

　　（1）民航服务人员在为特殊旅客提供服务时，需要把握特殊旅客的心理特点，针对特殊旅客不同的心理需求，为其提供的服务。

　　（2）在座位条件允许的情况下，如有需要，一般可以将特殊旅客的座位安排在离乘务员座椅较近的区域，以便民航服务人员随时观察情况并对其进行照料。

　　（3）民航服务人员为特殊旅客提供服务时不仅要细致，更要照顾特殊旅客的心理。例如，民航服务人员在为无人陪伴儿童提供服务时，一定要注意无人陪伴儿童的心理变化，并根据儿童的心理变化适时调整角色定位，空乘人员可以是姐姐、兄长，也可以是老师，这其中可以进行灵活的角色转换，如何选择转换时机及度的把握等要视现场的具体情况而定。民航服务人员在为盲人旅客服务时，要特别注意尊重盲人旅客，不得有"您眼睛看不见，我来帮您"等看似很温暖，实则会伤及盲人旅客自尊心的话语。

自我检测

检测项目	自我评估	改进方案
敏锐的观察	尚未做到　基本做到　做得很好	
良好的表达	尚未做到　基本做到　做得很好	
有效的劝说	尚未做到　基本做到　做得很好	
随机应变的能力	尚未做到　基本做到　做得很好	

案例阅读

海航关怀无微不至　　重病老人中秋节倍感温情

民航资源网2008年10月10日消息：近日，海南航空股份有限公司（简称"海航"）收到了一封满怀深情的感谢信，字里行间表达了一位肺癌晚期重症患者及其亲人对海航的感激之情。

感谢信的作者是一位姓段的肺癌晚期重症患者和其老伴，9月14日，两位老人乘坐海航HU7363航班从广州飞往乌鲁木齐。航班于晚上20:00起飞，凌晨1点多到港。5个多小时的夜间旅行加上凌晨时间的到达对于身体健康的人来说都会很疲惫，更何况是一位年近70岁的癌症晚期重症患者。

"由于是肺癌晚期，旅客的行动和呼吸都很困难，该航班飞行时间又长，我们非常担心途中会出现不良现象，"两位老人在信中说，"但是，海航机组人员的优质服务让我们愉快地度过了这次漫长的旅程。"

信中说到，当机长、乘务长及其他乘务员知道他们的情况后，对他们倍加关注。本来两位老人的座位是经济舱座位，但是看到老人身体虚弱，刚好头等舱又有空位，为了能更好地照顾他们，机组把他们安排在了头等舱。乘务员们担心病人夜间寒冷，给他们送来被子，送来温水，每隔一段时间就来看看老人有没有什么需求，询问老人是不是有什么不舒服。特别是机长，抽出时间几次看望他们。

当天是中秋节，正是家人团聚的日子。机组人员每人都发了月饼。乘务长特意拿出了自己的那份，给两位送上。考虑到老人岁数大了，乘务长细致地把月饼切成小份送给老人。在飞机上，老人感受到了亲人般的中秋情。

飞机在凌晨到达乌鲁木齐，全体机组人员为他们送别。考虑到时间已经很晚，加上旅客身体虚弱，机长和乘务长反复询问他们是否有人接，得知他们已经自己安排好后，机组人员还是不放心，专门安排了轮椅，特意将其送到站外，看他们安全上车才放心地离开。

两位旅客在信中说："该航班机组人员的服务精神充分表达了海航的服务宗旨，证明海航对员工的培养是一流的，真正做到了服务第一，一切为了旅客，特别是精心照顾老人、病人等弱势群体的诚心，此次出行再次让我们感受到了海航机组人员的优良品质和敬业精神。"

海南航空公司的乘务人员说，在远离地面的万里高空，旅客就是他们的亲人。即使是健康的旅客，很多人因为紧张等原因在飞机上都会或多或少感到身体不适，更何况是病人，照顾好他们，给他们一个安全、温馨、愉快的旅程是海航所有机组人员义不容辞的责任。

（民航资源网　郑海滨　海南航空股份有限公司宣传中心）

一杯开水的故事

案例：某航班，一对夫妇携孩子（儿童）乘机，乘机过程中孩子想要一杯水，乘务员为其倒了一杯开水，孩子在喝水过程中飞机颠簸，热水洒出，致使其烫伤。

当民航服务人员为旅客提供热饮时，除非旅客特别指出，正常情况下，热饮五成即可，按照矿泉水、开水2∶1的配比提供，口感微温，且要做好语言提醒，避免因飞机颠簸或者人为原因致使旅客烫伤。当民航服务人员为儿童提供热饮时，不要将热饮直接递给儿童，而应尽量给其监护人并做好叮嘱。不论是民航服务人员责任，还是旅客自身责任，当旅客发生烫伤时，民航服务人员应第一时间做紧急处理，如确认旅客伤势、冷敷、联系医生或地面服务人员等，并做好安抚旅客及其家属的工作。

心得体会

_____
_____
_____
_____
_____

实训 10 旅客投诉与冲突服务

实训目的

（1）了解旅客投诉时的心理特点。
（2）掌握应对旅客投诉的方法。
（3）把握旅客投诉的原因。

案例描述

航空公司相互支援　深航优质服务让旅客感动

一天上午，惠州的金先生专程来到深圳航空公司，将一面写有"营造旅客之家，担当和谐使者"的锦旗送到了该公司领导的手中，以感谢该公司乘务人员的优质服务。据金先生介绍，2008年4月7日下午6时35分，约有300多名旅客准备搭乘某航空公司的航班回深圳，没想到飞机进入跑道后，机长突然称忘记带安全箱了，飞机退回停机坪。等待了一个多小时后，飞机再次滑向跑道，就在准备起飞时，机长又称飞机刹车有问题，飞机又滑回停机坪。无奈，旅客在飞机上苦苦等待了4个半小时，没人理会。其间，乘务员只为旅客提供了一餐简单的食品。

8日凌晨1时许，广播通知说可以起飞了，但飞机刚进入跑道后，又通知说飞机故障未处理完，请旅客再耐心等待一番。凌晨4时许，飞机故障依然没有处理完，于是300多名旅客在工作人员的安排下住进了一个招待所。

凌晨5时许，300多名旅客接到通知后赶到机场，结果又被告知飞机故障未处理完，请大家继续等待。旅客们纷纷要求改签其他公司的航班。

金先生和另外100多名旅客改签了深圳航空公司的航班。大家登机后，把一肚子憋屈全部发泄到了深航乘务员的身上。但乘务员们的脸上始终保持着真诚的微笑，热情地为旅客服务。

在飞机飞行过程中，乘务员们对旅客们一一当面道歉，并在广播里面一遍一遍地播放道歉声明，并感谢旅客选择了深航的班机。

金先生说："今天我也是代表100多名旅客来感谢深航的，感谢深航当天乘务组表

现出来的敬业精神和良好的修养"。

(资料来源：民航资源网)

服务技巧

在处理旅客投诉时的技巧有如下几个。

(1) 倾听。要全神贯注地倾听旅客的投诉，切记千万不要解释，此时做任何解释只能引起旅客的反感。让旅客在讲述过程中不断宣泄自己的情绪。

(2) 尊重。提早起立问候，条件允许的话，民航服务人员可以为旅客倒上茶，请他们坐下，以缓和气氛，让交谈变得轻松。民航服务人员应真心实意地对旅客表示理解，并真诚地向旅客道歉。

(3) 记录。民航服务人员要认真做好记录，要让旅客感受到公司对此事的重视程度，对处理投诉的整个过程来说，认真做好记录是必不可少的一项重要内容。

(4) 承诺。完全理解和明白旅客为什么抱怨和投诉，同时在采取纠正措施之前，民航服务人员一定要向旅客寻求他们所希望的解决方案，并向旅客承诺我们能够做到的方案，尽量说服旅客知道并同意我们要采取的处理措施及其具体内容。

(5) 实施。补偿旅客的损失，要立即行动，一定不要拖延时间。

(6) 总结。为了避免以后再发生类似的服务错误，民航服务人员对任何一次投诉的圆满处理都应该进行分析、总结。

自我检测

检测项目	自我评估	改进方案
了解旅客投诉时的心理	尚未做到　基本做到　做得很好	
树立"客人永远是对的"观念	尚未做到　基本做到　做得很好	
灵活运用应对旅客投诉的技巧	尚未做到　基本做到　做得很好	

案例阅读

谁能帮帮我?

吴旅客在 A 机场过安检时交验机票、身份证，安检工作人员发现机票上的吴字的"口"两边竖道稍微拉长，拼音是对的，即将机票拿给旁边的值班经理，这位值班经理拿过机票和身份证，检查了一会又拿到安检值班室递给值班警察，值班警察看过机票后对旅客说，"这机票不行，哪里买的?"旅客的机票是在所住宾馆买的，但没有记住代理点的名称和电话。旅客问怎么办，警察和安检人员回答"在哪里买的找哪儿"。旅客一下就急了，怎么来得及呢！吴旅客希望安检人员帮忙出个主意，因为他是外地人，对当地不熟悉。值班经理说"你去办理登机手续的地方问问"。旅客跑到登机处柜台问

"刚才给我办手续的人呢?",柜台工作人员说"不知道,不是她们的事"。旅客怕误机又跑回安检处,值班经理说"现在不知你的票是真是假,问题出在哪个环节,要想补救,你还要去办理手续的地方"。吴姓旅客心里已非常着急,再三向这位值班经理表示飞机起飞的时间马上到了,时间已相当紧张了,请他们当中一位帮助指明去处(当时在安检机旁边站着5~6人),但没一个人帮助吴姓旅客,吴姓旅客只好在安检处与大厅间来回跑,也没问出结果。这时吴旅客忽然想起有困难找民警,于是跑到机场派出所。

机场派出所里正好有一位警察和一位保安人员,旅客把情况向他们说了一遍,这时在安检处值班的警察也走进来,警察表示没办法。吴姓旅客就像无头的苍蝇在机场大厅内跑来跑去,得不到半点帮助。吴姓旅客无奈只好到补票点准备重新购买机票,售票小姐查看了吴姓旅客的原机票,非常负责地打开电脑进行核对。电脑里所显示的吴姓旅客的名字是正确的,出票地点是某航空售票处。售票小姐告诉旅客找机票的所属公司让他们来交涉。

吴姓旅客投诉内部涉及两点:(1)这不是安检人员的错,也不是旅客的错,问题是相关人员应该告诉旅客该怎样解决问题;(2)作为民警,对于旅客焦急的求助无动于衷。

国航奥运办及时补救避免奥运开幕式贵宾投诉

2008年8月7日晚上8点,北京首都大酒店大堂内排满了办理入住手续的到现场观看开幕式的中国国际航空股份有限公司(Air China Ltd.,简称"国航")的贵宾。国航奥运办人员一边引导贵宾办理入住手续,一边回答贵宾旅客提出的各种问题。晚上10点会务组办公室内急促的电话铃声响起,刚刚入住的来自纽约的SHAO女士提出自己乘坐新两舱从纽约飞往北京观看开幕式,但是托运的行李迟迟没有拿到,行李里面有她为参加开幕式在美国精心定制的礼服。接到电话后,奥运办陈××主动上门与旅客沟通并做好安抚工作,第一时间将这一情况上报了奥运指挥中心,奥运办对外联络组副组长梁×连夜与地服HCC、行李查询处联系,最终在凌晨5:30分得知SHAO女士的行李在纽约被找到并将随下一航班运送到京,随即相关人员将信息告知SHAO女士。为了让SHAO女士没有遗憾地观看开幕式,奥运办积极为她联系购物中心重新购置服装。

8月8日下午,三辆大巴准时开进首都大酒店停车场,奥运办工作人员和乘务员在闷热的停车场站了两个半小时迎候SHAO女士及其他贵宾上车去观看开幕式。在前往鸟巢的接送过程中,奥运办的工作人员主动与SHAO女士聊天,随时关注她的需求。观看完毕回到酒店后,陈××又专门准备了"圣火号"飞机模型送到SHAO女士的房间,再一次表示歉意。

8月10日晚上十一点,SHAO女士又给梁×打来了电话,称在回北京的路上发现路段被戒严了,没有办法回去。梁×又马上联系首都大酒店,让SHAO女士顺利延期入住。事后SHAO女士激动地说:国航真好,国航能想客人所想,急客人所急,原本我想要投诉国航，但你们的服务感动了我，我现在心里只有感激。我离开祖国这么多年，今天我为国航感到骄傲，为祖国感到骄傲。

心得体会

参 考 文 献

[1] 李永，张澜．民航服务心理学．北京：中国民航出版社，2006．
[2] 张澜．民航服务心理与实务．北京：旅游教育出版社，2007．
[3] 顾胜勤．民航旅客服务心理学（第二版）．北京：北京理工大学出版社，2005．
[4] 于海波．民航旅客服务心理学．北京：中国民航出版社，2007．
[5] 高宏，等．空乘服务概论．北京：旅游教育出版社，2007．
[6] 李永．空乘礼仪教程．北京：中国民航出版社，2003．
[7] 钱永健．拓展训练．北京：企业管理出版社，2006．
[8] 赵冰梅．民航空乘服务技巧与案例分析．北京：中国广播电视出版社，2005．
[9] 姚立新．民航服务人员压力管理．杭州：浙江大学出版社，2005．
[10] 周科慧．人文素质教程．长沙：湖南教育出版社，2005．
[11] 燕良轼，周科慧．大学生心理健康．长沙：中南大学出版社，2006．
[12] 黄希庭．简明心理学辞典．合肥：安徽人民出版社．2004．
[13] 李世棣．普通心理学．北京：中国人民公安大学出版社，1996．
[14] 彭聃龄．普通心理学（修订版）．北京：北京师范大学出版社，2004．
[15] 张春兴．现代心理学．上海：上海人民出版社，2005．
[16] 宗文举，石凤妍，詹启生．现代心理学理论与实践．天津：天津大学出版社，2005．
[17] 泛珠江三角地区九所师范大学．现代心理学．广州：暨南大学出版社，2006．
[18] 张厚粲，等．大学心理学．北京：北京师范大学出版社，2004．
[19] Jerry M. Burger．人格心理学，第六版．陈会昌，等译．北京：中国轻工业出版社，2004．
[20] 陈琦．旅游心理学．北京：北京大学出版社，2006．
[21] 陈筱．旅游心理学．武汉：武汉大学出版社，2006．
[22] 孙喜林．旅游心理学．大连：东北财经大学出版社，2007．
[23] 周丽．酒店服务心理学．北京：中国物资出版社，2004．
[24] 魏乃昌．服务心理学（修订版）．北京：中国物资出版社，2006．
[25] 全国13所高等院校．社会心理学．第三版．天津：南开大学出版社，2003．
[26] 朱敬先．健康心理学．北京：教育科学出版社，2002．
[27] 掘内敏．儿童心理学．谢艾群，译．湖南：湖南人民出版社，1980．
[28] 苏东水．管理心理学．上海：复旦大学出版社，1998．
[29] 俞文钊．管理心理学．第三版．上海：东方出版社，2002．
[30] 许永勤，张福松．管理心理学．北京：工商出版社，2002．

[31] 贾砚林. 团队精神. 上海：上海财经大学出版社，1999.

[32] 孟汉青. 团队建设操作实务. 郑州：河南人民出版社，2002.

[33] 周科慧. 职业应激与自我调节. 中华医护杂志，2006，3（3）：223-224.

[34] 陈健. 民航服务人员的心理压力及应对策略. 中国教育报，2005.

[35] 斯蒂芬·P. 罗宾斯. 组织行为学. 14版. 北京：中国人民大学出版社，2008.

[36] 彭聃龄. 普通心理学. 北京师范大学出版社，2010.

[37] 王诗蕾. 一线员工团队建设中企业文化的重要性分析. 企业改革与管理，2018.03.

[38] 龚剑. 如何进行团队建设. 北京大学出版社，2004.

[39] 朱瑶熠. 浅析现代企业管理中的团队建设. 企业改革与管理，2016（1）.

[40] 如何进行企业团队建设. 吴晨茜. 现代经济信息，2018（19）.

[41] 夏红青. 团队建设的"四戒"中外管理，2002（11）.

[42] 王凤丽等. 浅议团队建设问题. 河南社会科学，2003（5）.

[43] 贾非. 浅谈企业文化对团队建设的积极意义. 经营管理者，2013（11）.

[44] 陈国义论企业团队精神和团队建设. 山西财经大学学报，2012（S3）.

[45] 王淑霞，李月云. 运用群体心理效应创新地方院校学生社区思想政治教育模式. 现代交际，2010（02）：79-80.